UNA HISTORIA DE EUSKADI, a mi manera

Saga: Reflexiones sobre la historia, a mi manera

JOSÉ ANTONIO TORREALDAY LLONA

UNA HISTORIA DE EUSKADI, a mi manera

Saga: Reflexiones sobre la historia, a mi manera

Primera edición: 2025

© 2025 José Antonio Torrealday Llona
Editorial: BoD · Books on Demand,
Calle de Manzanares, 4, 28005 Madrid,
bod@bod.com.es
Impresión: Libri Plureos GmbH,
Friedensallee 273, 22763 Hamburg (Alemania)
ISBN: 978-84-1326-859-0

Este ensayo está escrito para mis nietos: Alain, Ainara, Naia, Malen e Ibai

Espero que me recuerden como un abuelo curioso y emprendedor, preocupado por ellos y entusiasmado por sus logros en la vida.

Desde el más allá les recuerdo que la frase más maravillosa que he escuchado y leído a lo largo de mi vida ha sido ésta que se atribuye a Confucio:

"Haz por los demás lo que quisieras que ellos hicieran por ti"

También tengo que agradecer a mi amigo Juan Mary Atutxa y a su mujer Begoña, la que fue su alma y razón de ser, por todo lo que me han aportado y he aprendido de ellos.

UNA HISTORIA DE EUSKADI, a mi manera

IV.- BREVE HISTORIA DE ETA

IV.1.- Primer acercamiento
A.- ¿Qué fue ETA?
B.- ¿Cuál era el objetivo de ETA
C.- ¿Quién fundó ETA?
D.- ¿Cuáles fueron los atentados más sangrientos?
E.- ¿Qué es de ETA en la actualidad?

IV.2.- ETA desde 1958 hasta 1970
A.- Primeras acciones
B.- Asambleas de ETA
C.- ETA a finales de los 60
D.- Reacciones
E.- La VI Asamblea: ETA V y ETA VI (agosto 1970)
F.- El Proceso de Burgos (3.12.1970)

IV.3.- Años 1971 a 1980
A.- La segunda VI Asamblea: ETA militar y ETA polí-mili
B.- Fusilamientos
C.- 1975: Operaciones policiales
D.- La transición española a la democracia
E.- La Transición en ETA
F.- ETA en la democracia
G.- Los años de plomo en el País Vasco

IV.4.- Años 1981 a 1990
A.- Incremento del terrorismo y sigue la guerra sucia
B.- Coordinadora Gesto por la Paz
C.- Asesinato de Yoyes (María Dolores González Katarain)
D.- Pactos entre partidos
E.- Año 1990

UNA HISTORIA DE EUSKADI, a mi manera

INTRODUCCIÓN

A.-Historia

La mejor forma de crear vínculos es compartir historias, incluso entre personas que nada antes compartían. Una vez que escuchas la historia del otro, que le conoces al menos un poco, ya no te parece lógico pelearte con él e incluso puedes considerar comerciar y hacer otros intercambios. El filósofo holandés Baruch Spinoza (1632-1677) nos explicó hace más de 350 años que la base del conocimiento del ser humano no está en reír o llorar por sus hechos y dichos sino en comprender sus porqués.

Si miramos hacia nuestra historia más reciente, podemos comprobar que hemos sufrido en Euskal Herría desde el año 1936 hasta el año 2011 dos tiranías consecutivas, primero la franquista y después la de ETA, ambas provocadas por la violencia de unos pocos sobre toda nuestra sociedad, la vasca. Muchos las padecimos y lloramos muchas veces en silencio o, en todo caso, cerca de nuestros seres más queridos.

Al explicarlo a nuestros nietos y a nuestros escolares, les cuesta entender los porqués y es precisamente lo que busca este ensayo: tratar de exponer de la forma más sencilla posible los porqués de unos actos que podían haberse evitado y que, en todo caso, debemos entre todos conseguir que jamás se repitan ni en nuestra tierra ni en ninguna otra si está en nuestras manos el impedirlo.

El filósofo francés Michel Onfray nos recuerda: "La tarea del filósofo consiste en no alimentar los mitos, las fábulas, las leyendas, las ficciones, las fantasías, las historias que se explican a los niños, pero que los adultos creen. ¿Por qué? Porque los adultos suelen "preferir las historias que dan seguridad a las verdades que espantan, que producen agonía, las que nos superan, las que nos perturban"

Nuestra tarea, como personas que dedicamos más tiempo a pensar, debe ser la de buscar los porqués, la de nombrar esas verdades que muchas veces son como mazazos que explican con sencillez los porqués de las enormes brutalidades y demencias a las que el ser humano acude a veces mediante justificaciones vacías de contenido, pero demasiadas veces llenas de rencor, odio, maldad, ambición, estupidez, confusión o ansia de poder.

Las historias nos sirven para entender y organizar el mundo, para recordar lo que ha sucedido y compartirlo con los demás y para poder planificar mejor el futuro. Y también son herramientas que nos ponen en la piel de los otros y nos sirven para meterles a ellos en la nuestra. Dicen que la sorprendente capacidad humana para cooperar se construyó a base de relatos compartidos.

Sin embargo, quienes dirigen a los demás, quienes les obligan a llevar a cabo actos incluso contra su propia voluntad y en perjuicio de terceros, lo justifican con palabras como el honor perdido, el daño recibido, la identidad perjudicada o el pueblo oprimido, pero, en el 99% de los casos, son los únicos culpables de esos hechos que siempre terminan perjudicando a los más débiles, al pueblo llano y confiado al que se le engaña con el uso de palabras, como ya hemos comentado, vacías de sentido, pero llenas de rabia, envidia o venganza contra terceros.

Cuando los mensajes de los dirigentes se convierten en "frases hechas", en directrices inmensamente simples y siempre dirigidas contra el que no piensa como ellos, la democracia muere y el pueblo se convierte en masa fácilmente maleable y carente de pensamiento crítico y razón. Y la obligación del filósofo es la de intentar despertar la mente de las personas, empezando por las de los más jóvenes que son quienes más simples y moldeables son.

El poder establecido, sea en un Estado, en una nación, en un pueblo o en cualquier organización, por pequeña que sea, no suele ser amante de los filósofos, porque el poderoso nunca quiere que se analice ni se comprenda su verdadera argumentación. El poderoso, o el aspirante a serlo, en la mayoría de los casos, carece de argumentos sólidos y convincentes para sus actos, porque no los necesita para utilizar la ley de la fuerza y es por ello por lo que se escuda en slogans o lemas simples y tendentes a convertir al adversario en enemigo, ya que cuando "el otro es el enemigo" ya no hace falta razonar nada sino simplemente cosificarlo y guerrear con él.

Hannah Arendt nos dice: "El poder es en esencia falaz, porque al poder no le interesa tanto el grado de verdad de aquello que dice como el rédito que saca de ello. Dice la verdad con la misma cara que dice la mentira. No porque sienta una debilidad por la mentira, sino porque su relación con la verdad es otra. La política lo convierte todo en finalidad en sí misma. Decir la verdad puede suponer ciertos riesgos para quien la dice".

Es por ello que nosotros, asumiendo esos riesgos, debemos decir la verdad para que el pueblo, las personas normales puedan entender al poderoso, entender sus razones para actuar como actúa, entender al ser humano que, al alcanzar poder, se transforma casi sin remedio en ese "otro ser humano" que todos llevamos dentro. Es conocida la frase: "El poder corrompe y el poder absoluto corrompe absolutamente".

Así somos los humanos. Estamos sujetos a las tres leyes de nuestra propia naturaleza y a las tendencias y capacidades que de ellas resultan. Empecemos por entender la historia real y no la que nos quieran contar. Y así entenderemos mejor al ser humano que llevamos dentro.

B.- Utilicemos nuestro pensamiento crítico

Tal como nos lo expone Ofa Bezunartea en su ensayo "Memorias de la violencia, profesores, periodistas y jueces que ETA mandó al exilio", para entender el terrorismo de ETA sin distorsiones o argumentos con los que los victimarios pretendían justificar la violencia, es necesario e imprescindible conocer la historia del País Vasco.

Transmutar los agravios históricos (conquista de Navarra por Castilla, fracaso de insurrecciones carlistas, abolición de los fueros, guerra civil, etc.) se ha convertido en tarea de teóricos del nacionalismo vasco.

La concepción que nos ha expuesto el nacionalismo de nuestra historia sigue siendo la tradicional, creen que la verdad está en los orígenes, en la presunta independencia medieval y su concepto de la historia vasca es atemporal. Es una historia que conlleva una finalidad, la de volver al pasado. Este concepto de historia tiene mucho de metafísica, de creencia mística. En ese pasado se cree, se tiene fe.

Ambos nacionalismos, el moderado y el radical, asumen la veneración por los orígenes (imaginarios) y la idea de la historia como un mandato que exige recuperar los comienzos. Lo que pasa es que imaginan un pasado igualitario, colectivista y pretenden volver a la sociedad primigenia, apenas post-neolítica en definición de rasgos identitarios. Por supuesto, estos imaginarios son pura filfa.

El mecanismo de retorno al pasado como justificación de la acción política, incluyendo la revolucionaria, está en las teorías nacionalistas, los portadores de la fe nacionalista creen en ello. Bezunartea advierte que falsear el pasado y convencer al pueblo ignorante y fácil presa del victimismo, fue una labor realizada con mucho más convencimiento por quienes querían justificar una "lucha armada" brutalmente dañosa para el País Vasco, como pronto comprobaremos.

Spinoza nos dijo: "Ni reír, ni llorar, sino comprender"

C.- Intentando acercarnos a las razones de ETA

Analicemos lo que nos expone con crudeza Amin Maalouf en su obra "Identidades asesinas":

"1.- El aprendizaje se inicia en la primera infancia

2.- Cuando una persona ha sufrido vejaciones por su religión, cuando ha sido víctima de humillaciones y burlas por el color de su piel, por su acento o por vestir mal, no lo olvida nunca. (o por haber perdido una guerra civil, como en nuestro caso).

3.- La identidad es única, aunque esté constituida por muchas pertenencias y basta con tocar solo una de ellas para que vibre la persona entera y la gente suele tender a reconocerse en la pertenencia que es más atacada (religión, lengua, raza, color de piel, clase social, etc.) y esa pertenencia atacada tiende a invadir la identidad entera. Los que la comparten se sienten solidarios, se agrupan, se movilizan, se animan entre sí y arremeten contra "los de enfrente"

4.- Consecuencias:

4.1.- Afirmar la identidad: pasa a ser un acto de valor, liberador.

4.2.- Aparecen cabecillas para la rebelión, que afirman que no hay que mendigar el respeto de los demás, un respeto que se les debe, y que hay que imponerlo. Prometen victoria o venganza, inflaman los ánimos y a veces recurren a métodos extremos.

4.3.- A partir de ese momento, pase lo que pase, "los otros" se lo habrán merecido y "nosotros" recordaremos con precisión "todo lo que hemos tenido que soportar" desde el comienzo de los tiempos.

5.- Toda comunidad humana, a poco que su existencia se sienta humillada o amenazada, tiende a producir personas que matarán y cometerán las mayores atrocidades, convencidas de que están en su pleno derecho.

6.- La concepción "tribal" de la identidad, que sigue dominando en el mundo entero, favorece esa desviación, heredada de los conflictos del pasado. Entre sus consecuencias directas podemos enumerar según el mismo autor:

6.1.- El punto de vista de "los nuestros" tiende a ser el de los más aguerridos de la comunidad, los más demagogos y de los más airados.

6.2.- Los autores de la matanza suelen tener buena conciencia e incluso se extrañan de que los llamen criminales, por un sentimiento de que actúan por la supervivencia de los suyos, en legítima defensa de las comunidades heridas que sueñan con la venganza para liberar la lengua, defender la religión o las tradiciones.

6.3.- La identidad se convierte en "UN FALSO AMIGO": empieza reflejando una aspiración legítima y de súbito se convierte en un instrumento de guerra.

Y es esto lo que sucedió en Euskal Herría, es un fiel reflejo de la evolución del descontento de unos pocos hacia la violencia, quienes, una vez dominados por ella, arrastran cada vez a más jóvenes hasta que desaparecen las fronteras y los límites, como aquí pasó. Nadie supo analizarlo con objetividad. Tanto desde Euskal Herría como desde Madrid nadie se preguntó por los porqués, sino solo por sus efectos.

Según Hedoi Etxarte, la mayoría de los intelectuales vascos y españoles solo han tomado la palabra para solicitar lo mismo que los políticos:

- Que ETA dejara de matar cuando mataba.
- Que se desarmara cuando ya no mataba.
- Que pidiera perdón cuando ya estaba desarmada.
- Y, una vez que ETA hubiera pedido perdón, para quejarse de que ya será tarde para pedirlo.

La inmensa mayoría de los intelectuales vascos y españoles poco o nada han aportado para comprender las razones de ETA y poder así combatirla con otras razones más potentes; siempre han demostrado no ser los autores de sus pensamientos, sino meros instrumentos de uso de los políticos. Se ha repetido un vicio antiguo de la inteligencia española: se ha confundido, como alertaba Arendt, la verdad con la opinión. O, dicho de otro modo y con cierto pesimismo, la verdad ha vuelto a ser pasto de la opinión interesada.

Nuestro quehacer, utilizando la inteligencia para pensar con un mínimo de sentido crítico, debería ser, ahora, el de buscar las verdades singulares e "intentar comprender los porqués, empezando por analizar con sencillez, pero con absoluta honestidad nuestra propia historia".

Arendt nos recomienda hacer el ejercicio intelectual máximo para entender a los terroristas leyendo lo que ellos leyeron, escuchando lo que ellos escucharon e intentando pensar como ellos para llegar a actuar como actuaron. Releer para volver a distinguir y actualizar en nuestro mundo las diferencias entre poder, fuerza, potencia, autoridad y violencia.

Debemos sentarnos a preguntar para llegar a comprender, buscando los enlaces históricos, genealógicos y discursivos entre ETA y la extrema izquierda española y con el pasado de Euskal Herria.

Hay que investigar para que nada de lo sucedido en este país pueda volver a repetirse.

II.- BREVE HISTORIA ANTIGUA DE EUSKAL HERRÍA

II.1.- Prehistoria

Sobre los primeros seres humanos que habitaron el País Vasco poseemos restos aparecidos en diferentes cuevas correspondientes a épocas entre los años 100.000 y 35.000 a.C. Eran del Neanderthal.

En el Paleolítico superior (35.000 al 9.500 a.C.) aparece una nueva especie humana en múltiples cuevas vascas. Eran cazadores y crearon en sus cuevas pinturas y grabados de los animales a cazar. Las de Altxerri, en Gipuzkoa, son las más antiguas de Europa, datadas hace 39.000 años. Hace unos 9.500 años las últimas comunidades de cazadores-recolectores comenzaron su progresiva sedentarización.

Entre el 9000 y el 6000 a.C. se produce un calentamiento climático que permite una diversificación económica basada en recolección de frutos, caza menor, pesca, marisqueo, así como una industria lítica de pequeño tamaño.

En el Mesolítico (6.800 al 5.500 a.C.) aparece el utillaje geométrico caracterizado por formas diferentes de flechas y se van ampliando las zonas de residencia. En el período Atlántico, en el Holoceno (5.500 al 2.500 a.C.), se alcanza el considerado "óptimo climático" para el desarrollo humano, incluso más húmedo y cálido que el actual y nace la cerámica cardial con decoración impresa mediante conchas de molusco.

Durante el tercer y el segundo milenio a.C. se introdujo la metalurgia y se construyeron poblados amurallados. Hacia el 1700 a.C. se da el paso de la metalurgia del cobre a la del bronce. La Edad del Hierro transcurrió desde el año 1.000 a.C. hasta la conquista romana. Esta época también se conoce como Protohistoria.

II.2.- Sobre el euskera

1.- Razones del mantenimiento

Existen múltiples criterios sobre las razones del mantenimiento de nuestra lengua y una de ellas habla de la "no romanización" de nuestro país, lo cual parece no tener excesivo peso por un aislamiento que nunca existió. En las tierras vascas hubo en la época romana minas (de hierro y plata), producción de cerámica y vino en el sur, industria de salazón en la costa y calzadas romanas que unían sus urbes principales y puertos.

2.- La lengua

El euskera, vasco o vascuence es una lengua de origen paleoeuropeo y su origen sigue siendo discutido. Aproximadamente el 60% de su léxico deriva de un sustrato no indoeuropeo reconstruido por los lingüistas como "protoeuskera" y el restante 40% proviene en su mayoría del latín, del castellano y del navarroaragonés.

El euskera ha influido en la formación de las lenguas de la península ibérica, incluido el español.

En el año 2025 unas 800.000 personas son vascohablantes activas y otras 400.000 son vascohablantes pasivas, es decir, que entienden el euskera, pero tienen dificultades para hablarlo. La UNESCO la clasifica como lengua en peligro o vulnerable.

3.- Evolución

Se ha especulado mucho. Hacia el año 1 d.C. se estima que el euskera era hablado en una zona mucho más amplia y que ha ido retrocediendo por la presión de otros idiomas dominantes.

En Francia con la Revolución se proclamó al francés como única lengua oficial y así se mantiene aún.

En España durante el siglo XIX y buena parte del XX el Estado ha sido centralista por lo que el euskera carecía de reconocimiento. Durante la dictadura de Franco se prohibió su uso en las escuelas y también fue estigmatizado y perseguido su uso en público. A partir de finales de los años 60 se inició su uso en educación y surgió un movimiento de recuperación en las ikastolas, que se potenció por el Gobierno Vasco, con efectos muy positivos, siendo en la actualidad lengua oficial en Euskadi y parte de Navarra.

4.- Teorías o hipótesis historiográficas principales

4.1.- Primera hipótesis: El vasco es el grupo étnico más antiguo de Europa. Es una propuesta del lingüista alemán Theo Vennemann, en la que considera que el euskera sería el único idioma sobreviviente de una antigua familia lingüística europea anterior a la migración neolítica.

4.2.- Segunda hipótesis: Vasco-iberismo: El euskera sería un idioma emparentado con las lenguas iberas prerromanas de la península ibérica. Teoría defendida por Wilhelm von Humboldt y Unamuno. El euskera sería el resultado de una evolución de la ibera o una lengua de la misma familia.

4.3.- Tercera hipótesis: Los vascos llegaron a Aquitania hace 7000 años con los indoeuropeos, no llegando a la península ibérica hasta el siglo 1 A.C.

4.4.- Cuarta hipótesis: Lenguas caucásicas: Sería la única lengua superviviente de una familia que fue barrida con la llegada de los invasores indoeuropeos a partir del siglo XIII a.C., cuyo parentesco sería caucásico - georgiano.

4.5.- Quinta hipótesis: Lengua bereber: En las últimas décadas del siglo XX logró notoriedad esta teoría, por la semejanza entre algunas palabras de ambos idiomas.

4.6.- Sexta hipótesis: Relaciones con el paleosardo: Se han encontrado algunas similitudes entre las raíces del euskera y el paleosardo, idioma hablado en Cerdeña antes de la llegada de los romanos.

4.7.- Séptima hipótesis: Origen común genético de vascos, irlandeses, galeses, escoceses e ingleses: Un estudio científico publicado por la BBC reveló que vascos y celtas son genéticamente hermanos de sangre y sus antepasados vascos habrían viajado hace 16.000 años por tierra hacia el norte desde el País Vasco. El 90% del componente genético irlandés correspondía con el de los vascos, así como el 80% de los galeses y el 70% de los ingleses y escoceses.

Según el reciente estudio "Typological Studies in Language", coordinado por Iker Salaverri, Dorota Krajewska y Eneko Zuloaga, profesores de la UPV, el euskera es una lengua genéticamente aislada que no tiene relación demostrable con ninguna otra lengua conocida, pero no es un caso único, sino que es una lengua más entre los más de 200 idiomas aislados que comparten la característica de no formar parte de ninguna familia lingüística y que suponen entre el 2% y el 3% de todos los 7100 idiomas existentes en el mundo.

Las lenguas aisladas no han sido objeto de estudios profundos aún, pero con la comparativa masiva de 20 lenguas aisladas con otras 200 lenguas han deducido que las lenguas aisladas no son especiales ni más antiguas ni más recientes que el resto de las lenguas y no tienen una gramática más compleja, es decir, ni son especiales ni son puras.

II.3.- Época romana

A.- Romanización de la península

Los romanos llegaron a la península ibérica durante la segunda guerra púnica, hacia el año 218 a.C., comandados por Cornelio Escipión, desembarcando en Ampurias y, lógicamente, atraídos por los ricos recursos (cereales, vino, minerales, ganadería y esclavos) del territorio peninsular que Roma tardó 200 años en conquistar por completo.

El año 19 a.C., finalizadas las guerras contra cántabros y astures, se considera oficialmente conquistada la península.

B.- Romanización del País Vasco

Los vascos abandonaron la prehistoria y se estrenaron en la Historia de la mano de los romanos. El interés romano por instalarse en el País Vasco se explica, sobre todo, por la explotación minera y el control de las rutas marítimas y terrestres. Antes de su llegada, de oeste a este, este territorio estaba ocupado por los autrigones, los caristios, los várdulos y los vascones, siendo sus límites difíciles de definir.

La presencia romana se nota hasta en el propio idioma vasco en cuyo vocabulario hay numerosas palabras de origen latino. La presencia romana no es homogénea ya que las zonas del valle del Ebro y las riberas de sus afluentes sufrieron una mayor romanización, mientras que los valles cuyos ríos vierten al Cantábrico tuvieron menor presencia romana. Solo puede asegurarse una mayor presencia romana en puertos naturales como Forua e Irún.

C.- El legado romano

La urbanización fue importada por los romanos y en el territorio se han descubierto más de 200 asentamientos romanos, en especial junto al Ebro y sus afluentes, aunque también en la costa, en los puertos de salida de los minerales (hierro y plata) extraídos en la zona.

D.- Legiones romanas formadas por nuestros antepasados

Los vascos también engrosaron los ejércitos imperiales romanos y aparecen por primera vez en hechos de armas recogidos por historiadores latinos como Tácito, Plinio o Plutarco.

Antonio García Bellido menciona una memorable batalla llevada a cabo por las Cohortes Vasconum entre Holanda y Alemania y Plutarco afirma que hacia el año 114 a.C. el general romano Cayo Mario tuvo una guardia personal de esclavos várdulos procedentes de la actual Gipuzkoa. García Bellido afirma también que unidades auxiliares vascas permanecieron en Inglaterra durante muchos años, habiendo aparecido muchas inscripciones lapidarias en las fronteras de Escocia con nombres vascos. Incluso el emperador Augusto llegó a tener vascos en su guardia personal.

Estos hechos nos permiten deducir que el pueblo vasco no ha sido por naturaleza un pueblo pacífico, sino un pueblo belicoso y guerrero.

II.4.- ALTA EDAD MEDIA (hasta el siglo X)

A.- Siglos VI y VII

Al caer el dominio romano el año 476, se observa una población permeable a influencias culturales diversas y organizada de forma jerárquica en torno a aristocracias guerreras y su sociedad se considera como prefeudal o de transición al feudalismo:

- Se produce una paulatina ruralización social.
- Se tiende al autoconsumo y se desarrollan lazos de dependencia personal que anticipan el feudalismo.
- La clase alta está formada por los potentados, terratenientes nobles.
- Crece la dureza de vida de las clases bajas que ocasiona algunas revueltas campesinas.
- Sociedad dominada por actividades agrícolas y ganaderas con pérdida de las comerciales, industriales y mineras.

Al estar el País Vasco entre dos potencias expansivas como los godos en España y los francos en la parte francesa, surgió una estirpe de guerreros que se convirtieron en auténticas autoridades locales.

La ciudad romana de "Pompaelo" (Pamplona) era la principal (y seguramente única) del impreciso territorio atribuible al pueblo de los vascones hasta la fundación de Victoriacum por los visigodos (año 581), que algunos historiadores creen que era Vitoria y otros no. El nombre de VITORIA no aparece hasta 1181.

Las relaciones de los visigodos con los vascones no resultaron muy cordiales, así lo demuestran las reiteradas campañas de castigo de los siglos VI al VIII: Leovigildo, Recadero, Gundemaro, Suintila, Chindasvinto, Recesvinto, Wamba y Rodrigo visitaron nuestras tierras.

El año 711 el monarca Rodrigo estaba tratando de sofocar un nuevo levantamiento vascón. Las luchas intestinas entre clanes político-familiares eran habituales y el pueblo subsistía como podía.

B.- Siglo VIII, nacimiento del Reino de Pamplona

En Europa hubo importantes transformaciones: con la llegada de los musulmanes a la península y el fortalecimiento del reino franco se inicia una nueva etapa caracterizada por la fractura de los grupos vascones: los del sur crean el reino de Navarra y los del norte se integraron en la reinstauración del ducado de Wasconia en el imperio carolingio.

Hacia el 714 los ejércitos musulmanes remontaban el Ebro desde Zaragoza y establecieron contacto con el conde hispano-godo Casio de la ribera navarra. Casio optó por convertirse al Islám y adoptó el nombre de Banu Qasi conservando el poder en la zona. El distrito de Pamplona opuso resistencia, pero capituló el año 718, estableciéndose un protectorado musulmán sobre esta zona obligado a pagar tributos.

Álava entró en la órbita de la monarquía asturiana cuando el rey Frela I (757 – 768) venció a los rebeldes vascones, capturó a la que sería su futura esposa Munia y convirtió este territorio en el baluarte occidental de la monarquía asturiana, manteniendo la descripción de vascones a sus habitantes.

Durante la rebelión del valí de Zaragoza contra el emir Abd al-Raman I, se ofreció la ciudad a Carlomagno, pero cuando se presentó con su ejército, otro de los sublevados rehusó entregarla. Carlomagno se retiró y a su paso por Pamplona arrasó sus fortificaciones para debilitar la presencia musulmana en la zona. Al cruzar los pirineos por Roncesvalles su retaguardia quedó aniquilada (15 de agosto del 778). La Chanson de Roland inmortalizó el evento.

C.- Siglos IX y X

Se perfilan el siglo IX dos bandos en Navarra: uno proclive a los carolingios encabezado por los Velasco y otro por los Íñigos, partidarios del poder cordobés. Después de enfrentamientos varios, finalmente los partidarios de los carolingios renunciaron a controlar Pamplona y ésta quedó en poder de Eneko Arista (816 – 851). Se constituye así el Reino de Pamplona por la dinastía Arista-Íñiga.

En el año 824 hay una segunda batalla de Roncesvalles por la cual Navarra y los territorios del sur del Pirineo se separan definitivamente del Ducado francés de Vasconia.

Pamplona fue durante mucho tiempo la ciudad más importante y rica del territorio cristiano. Era un importante nudo de comunicaciones entre el mundo islámico al sur y el cristiano al norte y también como paso del Camino de Santiago. El año 858 fue saqueada por los normandos que subieron por el Ebro desde Tortosa y también el año siguiente, secuestrando al rey García I.

Fue sustituido por su hijo García Íñiguez (851 – 870), quien, con el apoyo de Ordoño I, derrotó a los Banu Qasi en la batalla de Clavijo el año 859. Fue su hijo Fortún Garcés (870 – 905), el tuerto para los musulmanes y el monje para los cristianos, ya que en el año 905 se retiró al Monasterio de Leyre, cuando le fue arrebatado el poder por Sancho Garcés I (905 – 926), pasando el reinado a la familia Jimena, quien puso en marcha una política expansiva sin precedentes. Es cuando se forja realmente el armazón del nuevo Reino de Pamplona, finalizando también con la política de sujeción al Islám de su predecesor y pasando a la acción: reconquista de Deyo (tierra de Estella), riberas del Ega, Arga y Aragón, y de la Rioja Alta (Nájera, Calahorra y Viguera).

El emir Abderramán III realizó dos expediciones ganando la batalla de Valdejunquera en la primera y arrasando Pamplona en la segunda del año 924.A su muerte le sucedió García Sánchez I (926 – 970) cuya familia se emparentó por matrimonio con los reyes de León y con familias nobles de los territorios dependientes del Reino de León, como eran el Condado de Castilla y los Señoríos de Vizcaya y Álava, mientras Guipuzcoa ya pertenecía a Navarra.

Su hijo y sucesor Sancho García II "Abarca" (970 – 994) siguió la misma política de parentescos llegando a casar a dos hijas con la dinastía gascona e incluso con Almanzor, para evitar sus incursiones. En el reinado de su sucesor García Sánchez "El temblón" (994 – 1004), Pamplona tuvo que rendirse a los musulmanes e incluso fue arrasada el año 999 por Almanzor.

II.5.- Siglos XI a XVI

A.- Reinos de Pamplona y de Navarra

1.- División del reino: Sancho Garcés III

Sancho Garcés III (1004 – 1035) por herencias, alianzas y guerras consiguió integrar en la corona la totalidad de los territorios de habla vasca. Se inauguró una de las más gloriosas etapas de la monarquía pamplonesa, al extender su hegemonía al resto de espacios cristianos de la península, lo que le valió la denominación de Rex Hispaniarum.

A la herencia paterna del reino de Pamplona-Nájera y el condado de Aragón, añadió los condados de Castilla, Sobrarbe y Ribagorza, su protectorado sobre el reino de León y unas pretensiones sobre el ducado de Gascuña a la muerte de su titular, su tío Sancho Guillermo.

Pero no tuvo un proyecto de reino unitario y a su muerte dividió el reino dotando a sus hijos:
- A García Sánchez el reino de Pamplona-Nájera, el País Vasco y la mitad oriental y septentrional del condado de Castilla.
- A Fernando Sánchez la otra mitad del condado castellano.
- A Gonzalo Sánchez los condados de Sobrarbe y Ribagorza.
- A Ramiro Sánchez Aragón.

2.- Desintegración del reino en dos actos

La desintegración del reino pamplonés fue consumada en dos actos: Primero con la batalla de Atapuarca (1054) donde se enfrentan los dos hermanos Fernando y García muriendo el rey de Pamplona, nombrándose a Sancho Garcés IV nuevo rey. Segundo: Se produce en Peñalén, junto a Funes, el regicidio de Sancho Garcés IV, siendo despeñado por sus dos hermanos Ramón y Ermesinda.

El desconcierto creado y el vacío de poder fue aprovechado por Alfonso VI de Castilla, primo de todos ellos, para tomar La Rioja y El

País Vasco peninsular que se atribuye como Señorío hereditario a Lope Íñiguez, al parecer con el apoyo de los linajes de la zona.

Sancho V Ramírez de Aragón (1076 – 1094) se adjudica el resto del reino de Pamplona.

3.- Descendientes

Alfonso I el Batallador (1.104 – 1.134) llevó la frontera al río Ebro, se casó con Urraca, hija de Alfonso VI de León, intentó quedarse con Castilla y se adjudicó Vizcaya, Alava, Rioja y parte de Burgos hacia 1.111. Tomó Zaragoza en 1.118, Tudela en 1.119, Tarazona, Calatayud y Daroca. Por el Pacto de Tamara en 1.127 se delimitaron las fronteras entre los reinos de Castilla y Pamplona, quedando en territorio pamplonés Vizcaya, Álava y Guipuzcoa.

Durante su reinado su territorio pasó de 24.000 km2 a 52.000 km2 a costa de Castilla (8000 km2) y los almorávides (más de 20.000 km2), pero su muerte sin hijos y con un testamento que dejaba el reino a las órdenes militares, provocó la ruptura en dos del reino pamplonés: en Aragón se coronó Ramiro II y en territorio pamplonés García Ramírez (1.134 – 1.150), quien tuvo que admitir vasallaje del rey castellano, aunque su hijo Sancho VI el Sabio (1.150 – 1.194) se sacudió el vasallaje y se autotituló Rex Navarre en 1.162.

En 1.176 Sancho VI y Alfonso VIII de Castilla firmaron una tregua, admitiendo al rey de Inglaterra Enrique II como árbitro, éste emitió el Laudo arbitral en marzo de 1.177 por el cual Navarra perdía la Rioja, pasando a Castilla. Sancho VI fundó en 1180 San Sebastián y en 1.181 Vitoria.

El hijo de Sacho VI, Sancho VII "el Fuerte", rey de Navarra entre 1.194 y 1.234, perdió por conquista el Duranguesado, Álava y Guipuzcoa a manos de la corona de Castilla, aliada del reino de Aragón. La ciudad de Vitoria sufrió un asedio de unos 7 meses siendo al fin conquistada por un ejército mandado por el Señor de Vizcaya. En la conquista de San Sebastián Castilla fue apoyada por la baja nobleza de la zona y por los parientes mayores de los oñacinos.

4.- De 1.234 en adelante

A la muerte sin descendencia de Sancho VII subió al trono en Tudela su sobrino Teobaldo I "El trovador", iniciando la dinastía de Champaña. Los infanzones, ricohombres y nobles lograron del monarca la firma de la ratificación de sus derechos, usos y costumbres en el Fuero General con el famoso lema: "Pro libertate patria gens libera state" (De pie la gente libre, a favor de la libertad de la patria), en un proceso similar al de Juan sin Tierra en Inglaterra para firmar la Carta Magna. Le sucedieron Teobaldo II "el joven", Enrique I "el gordo" y Juana I que sería reina de Francia entre 1.285 y 1.305.

Su primogénito Luís I de Navarra comenzó la dinastía Capeta, que después, a la muerte de su padre, se convirtió en Luís X de Francia. Los Capetos no residieron en Navarra y nombraron gobernadores.

Durante la nueva dinastía, la Casa de Evreux, (desde 1.298 con Luís de Evreux a 1.441con Blanca I de Navarra) se "amejoró" el fuero y se crearon el Consejo Real y la Cámara de Comptos. El reino de Navarra era apetecido por los reinos de Aragón y Castilla, manteniéndose un precario equilibrio, pero con prosperidad material y cultural.

En 1.512 Fernando el Católico invadió Navarra, incluyendo la zona del norte de los Pirineos, siendo anexionada al reino de Castilla. Juan de Albret y Enrique II de Navarra intentaron recuperar Navarra en tres ocasiones en 1.512, en 1.516 y en 1.521. El 30.06.1.521 se produjo la batalla de Noain con la derrota de las tropas franco-navarras determinándose el destino de Navarra. Las últimas batallas fueron las de Amaiur (1.522) y Castillo de Fuenterrabia y así llegó el fin de la independencia de Navarra.

El rey Carlos I de España terminó renunciando a la parte francesa en 1.530 por las dificultades para su mantenimiento.

B.- El feudalismo en el País Vasco

A partir del siglo VII las dificultades para organizar la producción en pequeñas parcelas dispersas trabajadas por la familia y los repartos por herencia provocaron la ruina de muchos campesinos que se vieron obligados a ceder sus propiedades a la Iglesia y a los poderosos vecinos enriquecidos.

Hacia el año 1.000 la autonomía de las aldeas se había reducido y el poder de las abadías y de algunas familias nobiliarias crecido hasta llegar a agrandar los gravámenes sobre el pueblo empobreciendo al mundo rural, casi exclusivo en esta época. Además, el pueblo jamás tuvo opinión ni defensa ante los señores feudales y los poderes eclesiásticos, quienes siempre actuaron como abusones y defensores de un "status quo" muy cercano al esclavismo o servilismo.

El alejamiento tanto de la corona castellana como de la navarra, que tuvo largas temporadas críticas, propició el nacimiento de familias que impusieron la Ley del más Fuerte en todo el País Vasco, al tiempo que las distintas órdenes religiosas fueron afianzando su poder y sus dominios territoriales siempre a la sombra de quién en cada ocasión fuese el más poderoso.

Como podremos comprobar a lo largo de este breve estudio, nunca fue el País Vasco un lugar idílico en el que la paz y la concordia entre los distintos ayudasen a crear y mantener un ambiente de entendimiento y buena voluntad con los más desfavorecidos.

La única alternativa que quedaba a la población rural excedente era aceptar la emigración a las zonas que iban siendo conquistadas en la meseta española a los musulmanes para su repoblación.

Como pura anécdota, al cumplir el servicio militar en el cuartel de Ovejo Viejo en Córdoba conocí a dos chicos extremeños con dos apellidos vascos. Al preguntarles de dónde eran, me explicaron que ambos habían nacido en un pequeño pueblo de Extremadura donde casi todos sus habitantes tenían apellidos "raros" y que desconocían las razones de ello. Les expuse que eran apellidos vascos y su significado en castellano y me miraron con extrañeza, ya que era la primera vez que lo habían oído. Como éste, fueron muchos los pueblos de la meseta castellana colonizados por vascos, donde éstos perdieron su idioma y sus costumbres para adaptarse a su nueva situación. La mayoría de ellos cambiaron incluso sus apellidos castellanizándolos, aunque, como pude comprobar, en ciertos lugares remotos se mantuvieron.

Euskal Herría no ha sido nunca un pueblo pacífico y enfrentándonos a la realidad de nuestra historia, debemos reconocer que hemos sido y seguimos siendo un pueblo mal avenido y siempre propenso a buscar enemigos dentro de nuestro propio paisaje.

Tenemos mucho que aprender para aprender a escucharnos más los unos a los otros.

II.6.- LAS GUERRAS BENDERIZAS MEDIEVALES en la Baja Edad Media (siglos XI al XV)

A.- El poder de la nobleza en el País Vasco

A partir del inicio del siglo XI se inició la creación de un nuevo marco político basado en un pacto con la corona. Lograrlo no fue fácil. Los conflictos alcanzaron su punto culminante en 1.076 cuando los barones despeñaron en Peñalen a su rey Sancho Garcés IV y eligieron otros dos: los del sector occidental al castellano Alfonso VI y los navarros al aragonés Sancho V Ramírez.

Íñigo López "Ezquerra" fue el primer señor de Vizcaya el año 1076 y se situó bajo la influencia del rey de Castilla y su hijo Lope Íñiguez reunió en sus manos el Señorío de Vizcaya, el condado alavés y Guipuzcoa, que mantuvo hasta 1093. Su hijo, Diego López I adquirió la tenencia de Haro añadiéndolo a su apellido.

Los reyes iniciaron la concesión de prerrogativas jurídicas y políticas a los ricohombres por sus servicios prestados en guerras contra los musulmanes o en la administración del reino, pero como estas concesiones eran temporales y podían ser revocadas por los monarcas, los nuevos nobles vascos aspiraron a establecer un nuevo marco político basado en "el pacto con la corona".

Ya el rey navarro García Ramírez (1134 – 1150) tuvo que prestar juramento y respetar las reglas impuestas por los nobles que le habían elevado al trono.

B.- Sobre las luchas banderizas

De un banquete entre nobles, en apariencia fraternal e inocuo, germinó algo que cambiaría el presente y futuro de todo el País Vasco: un odio larvado en la memoria familiar y unas ganas de desquite, una guerra abierta por parte de dos facciones vascas, señores feudales, que atemorizaban y extorsionaban a los agricultores con sus ejércitos privados, que querían dominar y que durante siglos lucharon hasta que un tercero más poderoso vino a doblegar sus ansias vengativas.

En estos enfrentamientos intervinieron diferentes linajes de la nobleza rural vasca y solo remitieron cuando Fernando el Católico hizo valer su indiscutible poder para proteger los intereses comerciales de Castilla en el Cantábrico.

Desde los albores del siglo XII la mayoría de los habitantes del País Vasco se convirtieron en súbditos de dos grupos de nobles: los oñacinos y los gamboínos. Los diferentes linajes de la nobleza rural se aglutinaron en torno a las dos familias que pretendían detentar la hegemonía en Euskal Herria: los Gamboa y los Oñaz. Estos parientes mayores eran, lógicamente, las familias más poderosas. Los oñacinos tenían como aliado al reino de Castilla y los gamboínos al reino de Navarra. Finalmente, Navarra caería como fruta madura en manos de Fernando el Católico.

Familias de Gamboa: Guevara, Balda, Elgueta, Olaso, Abendaño, Ayala, Leguizamón y Báñez. Tenían como aliados a los agromonteses y al reino de Navarra.

Familias de Oñaz: Mendoza, Loyola, Lazcano, Mújica, Butrón, Salazar, Emparan, Unzueta, Calleja, Zurbaran, Salcedo y Guraya. Tenían como aliados a los beamonteses y a la Corona de Castilla.

Sus enfrentamientos se iniciaron mucho antes, pero la primera gran guerra entre ellos fue en 1275. La hostilidad empezó en Álava y pronto pasó a Vizcaya y Gipuzkoa. Los factores que más influyeron en las guerras banderizas fueron el económico, generado por la crisis acaecida ese siglo, y la polarización generada en la nobleza vasca occidental entre los partidarios y contrarios a dejar de pertenecer a Navarra.

C.- Las consecuencias en el mundo rural

Las luchas banderizas de poder entre los nobles vascos esquilmaron las tierras campesinas y obligaron a vaciar la tierra llana y a emigrar a gran parte de su población hacia las villas o hacia las zonas reconquistadas de la península.

Los más oprimidos eran, fundamentalmente, los campesinos y los pobladores de las villas. La mayoría quedaron sujetos a señorío y sometidos al pago de pechas (campesinos censuarios o pecheros) y algunos, con capacidad suficiente para participar en la milicia, escaparon del dominio señorial, quedando exentos del pago de muchos impuestos y dependiendo de la justicia real (hidalgos e infanzones, personas que por linaje pertenecían al estamento inferior de la nobleza). Estos a partir del siglo XII constituyeron un grupo en ascenso.

D.- El ambiente entre 1362 y 1500

El Señorío de Bizkaia quedó en poder del rey Enrique II en 1370 y se integró en 1379 en el reino de Castilla, lo que exacerbó los efectos en la anarquía política de la región.

- En 1362: los Leguizamón y los Zurbarán se enfrentaron en las calles de Bilbao.
- En 1413: los mismos en el mercado de Bermeo.
- En 1420 los gamboínos asaltaron el feudo de los Oñaz y lo quemaron muriendo el pariente mayor y nueve personas más. Los Lazcano atacaron a la familia Balda y esta pequeña guerra se convirtió en una compleja red de venganzas familiares.
- Hasta 1433 siguieron los combates sin tregua entre ambos bandos.
- En 1440 murieron 10 hombres en Bilbao.
- En 1442 las Hermandades intervinieron con éxito en Bilbao y Mondragón, pero la paz establecida duró poco. Se sucedieron los enfrentamientos de los Avendaño con los Butrón y Mújica.

-        En 1443 murieron diez personas más en las calles de Bermeo.

-        Los gamboínos y los Balda lucharon contra los Oñaz y los Lazcano en 1446. Las familias se enfrentan de nuevo en 1447 y tiene lugar el incendio de Mondragón.

-        En 1457 las Hermandades se rebelaron contra ambos, recurrieron a Enrique IV, quien ordenó derribar sus casa-torre y expulsó del territorio a sus líderes entre uno y cuatro años a la frontera andaluza.

-        A su vuelta, en 1468, hay nuevos enfrentamientos en Elorrio.

-        En 1471 ambos bandos se reconcilian para hacerle frente al Conde de Haro que quería hacerse Señor de Bizkaia en la batalla de Munguía.

-        En 1479 los Guevara y los Ayala atacan la casa-torre de los Lazcano, muriendo Juan López de Lazcano, etc.

E.- Sobre la aparición del mundo urbano

A finales del siglo XI la tradicional sociedad rural medieval de Vasconia quedó trastocada por la aparición del mundo urbano. Para desarrollar la economía comercial y artesanal en el creciente Camino de Santiago, el monarca Sancho Ramírez inició la creación de villas (Jaca 1063, Estella 1090 y Logroño 1095). Así se consiguió:

1.- Ampliar el espectro social con la introducción de un nuevo orden, más libre y privilegiado, que se adaptaba parcialmente al estatuto tradicional de los hidalgos e infanzones: el burgués.

2.- Posibilitar nuevas actividades productivas (artesanía y comercio) y organizar y regular el mercado semanal como centralizador y distribuidor de la producción de su entorno rural.

Los señores de Bizkaia a partir del siglo XII recurrieron a privilegiar a determinadas poblaciones concediéndoles Carta Puebla o estatuto jurídico diferenciado. En poco más de 200 años se crearon 88 villas, urbanizadas y rodeadas de murallas. Las prerrogativas de los nuevos núcleos atrajeron a distintos pobladores: campesinos del entorno, artesanos, mercaderes, judíos y órdenes religiosas.

El surgimiento de villas y ciudades, especialmente Bilbao y Bermeo, dio lugar a la lucha por el poder municipal entre las familias urbanas ricas. Por su parte, la nobleza terrateniente se esforzó por proteger sus feudos, pero pronto entendió que el futuro estaba en las ciudades.

F.- Fin de las guerras de bandos

Las villas se defendieron de la nobleza rural creando las Hermandades, embrión de lo que luego serían las Juntas Generales o Diputaciones, contribuyendo así a la formación de la provincia, aliada de las villas con la Corona de Castilla en la lucha contra la nobleza rural.

Esta alianza generó la derrota de los Parientes Mayores que resultaron desterrados a la frontera de Granada y la disolución de sus tropas, así como el derribo de sus casa-torre o el desmochado de las mismas reconvirtiéndolas en residencias rurales.

Terminaron definitivamente en el siglo XVI, cuando, por el descubrimiento de América y la conquista castellana de Navarra, cambian todos los parámetros económicos y sociales. Los Parientes Mayores pasan a formar la nueva burguesía vasca, mercaderes y promotores de la construcción de barcos a las Américas.

II.7.- La anexión del País Vasco por Castilla

A.- La anexión

Los nobles de Vizcaya, como los de Álava y Gipuzcoa en 1153 se inclinaron a la esfera castellana, pero hacia 1160 volvieron a la obediencia navarra. Sin embargo, parece que hubo fuertes desacuerdos y desafueros infligidos por el rey de Navarra en la segunda mitad del siglo XII a los parientes mayores vascos.

Tras guerras intermitentes entre Castilla y Navarra, el 15 de abril de 1179 ambas partes acordaron que Castilla se quedara con Vizcaya y Navarra con Gipuzkoa, Álava y el Duranguesado. Sancho el Sabio de Navarra se vio obligado a la cesión de parte de sus territorios a Castilla, volviendo Vizcaya a ser independiente, restaurándose el Señorío de Bizkaia que pasaría a ser gobernada por la dinastía pro-castellana de los Haro. El territorio alavés fue invadido por Alfonso VIII de Castilla el año 1200, aunque el Señorío de Arriaga mantuvo su independencia hasta el año 1332. Gipuzkoa fue invadida y anexionada el año 1200. También Alfonso VIII invadió Vizcaya en 1999.

El propósito de Castilla siempre fue el de debilitar a Navarra, respetando las instituciones medievales vascas y reforzando su potencial marítimo en el mar Cantábrico.

Fue la nobleza vasca quien decidió la anexión definitiva al reino castellano y no al navarro y estas fueron sus razones: los reyes castellanos se ofrecieron a los nobles vascos como:

1.- Garantes de la paz.

2.- Promotores de sucesivas alianzas con los señores feudales vascos para sus empresas de reconquista que supusieron cargos y honores y explotación de los recursos, cartas de poblamiento, exenciones y privilegios. Muchos vascos repoblaron España en la reconquista.

3.- Garantes de las libertades vascas: Castilla conservó las leyes establecidas en los Fueros y profundizó en éstas, institucionalizando el sistema foral vasco.

Fue, pues, una anexión pactada entre los reyes de Castilla y los Parientes Mayores, dueños reales del País Vasco en esas fechas, quienes resultaron los verdaderos beneficiarios, sin que el pueblo tuviera ni arte ni parte en este acuerdo de intereses y poderes.

Todavía hubo una corta época posterior, entre 1368 y 1373, en la que Álava y Gipuzkoa pasaron a Navarra, volviendo luego a Castilla.

B.- Enrique IV y XXIII Señor de Bizkaia (1454 -1474)

Este rey tuvo que desplazarse personalmente al País Vasco en 1457, dirigiendo su ejército, las agrupaciones de campesinos, los habitantes de las villas y los hidalgos opuestos a los parientes mayores para pacificarlo. Destruyó las principales fortalezas de los Parientes Mayores y desterró a Castilla o confinó a muchos de ellos a la frontera de Granada. Así, en 1468, el Concejo de Bilbao aprovechó para derribar las casas que tenía la familia Basurto del bando oñacino en Bilbao.

II.8.- Siglos XVIII y XIX

A.- Revolución Francesa

La Revolución Francesa llevó a España a la Guerra del Rosellón o de la Convención (1793). Las tropas francesas ocuparon Caraluña y el País Vasco, llegando hasta Miranda del Ebro. El general francés prometió convertir en república independiente a las provincias vascas y Navarra. El 2 de agosto llegaron hasta San Sebastián sin encontrar resistencia. Días después vizcaínos y alaveses se rendían en masa y el 26 de agosto el alcalde de San Sebastián declaraba no la prometida república sino la sumisión total a Francia.

Con la firma del Tratado de la Paz de Basilea (22.07.1795) se dio fin al conflicto y se devolvían las tierras vascongadas al reino de España.

La Revolución Francesa abolió todos y cada uno de los privilegios del "Ancien Regime" desapareciendo cualquier posibilidad de fueros o derechos en el País Vasco Francés.

B.- La Guerra de la Independencia

Cuando los ejércitos napoleónicos invadieron España fueron bien recibidos, ya que se presentaron como aliados. Las primeras tropas cruzaron el Bidasoa en otoño de 1807 y el punto de inflexión fue la toma a traición de Pamplona en febrero de 1808.

Se iniciaron las guerrillas en toda España y los últimos franceses terminaron saliendo por el País Vasco. La invasión francesa terminó el 31.08.1813 con la expulsión de los franceses por las fuerzas anglo-lusas, que procedieron al incendio y saqueo, con robos, asesinatos y violaciones, durante tres días de San Sebastián. Ese mismo día tuvo lugar en Irún la batalla de San Marcial entre tropas españolas y francesas. Fue un día completo de lucha con bajas superiores al 50% en ambos lados.

III.- BREVE HISTORIA POSTERIOR DEL PAÍS VASCO

III.1.- HISTORIA DE LOS FUEROS VASCOS

A.- Precedente: el Fuero de León

El Fuero de León fue aprobado en 1017 poniendo de manifiesto el "incipiente poder de las ciudades" en el siglo XI y de sus disposiciones surgió un modelo de gobierno muy diferente a los imperantes hasta ese momento. De redacción sencilla, modificó las relaciones del pueblo con el poder, regulando derechos y deberes. Fue el primer Fuero redactado en la península ibérica y posiblemente el primero que recoge los derechos fundamentales de los ciudadanos en la historia de Europa.

B.- Nacimiento y desarrollo de los Fueros Vascos

Los Fueros Vascos, al igual que el Concierto Económico, forman parte de la raíz más profunda del entramado jurídico del pueblo vasco. Son uno de los máximos exponentes de su singularidad.

Los fueros territoriales de Navarra y Vizcaya nos remiten a un conjunto de normas de carácter consuetudinario (uso y costumbre) e inmemorial, asumidas por la sociedad y que regulaban cuestiones relativas al ámbito del derecho civil, penal y procesal en la administración de los Territorios Históricos vascos, normas no formuladas por escrito hasta siglos más tarde. Estas normas tenían una particularidad: su facilidad para adaptarse a diferentes situaciones y momentos, manteniéndose en continua renovación.

Los fueros se asentaban en las juntas vecinales que a su vez mantenían representación en las Juntas Generales, órgano supremo de gobierno de cada territorio. Más tarde se plasmaron por escrito y se reconocieron como ley, produciéndose la institucionalización de la tradición normativa: en Navarra a través del Fuero Antiguo (base del

General) en el siglo XIII y en Vizcaya a través del Cuaderno Penal de Juan Núñez de Lara en el año 1342.

Las Juntas Generales de Bizkaia se celebraban en la Casa de Juntas de Gernika presididas por el famoso roble, el árbol de Gernika, símbolo de Bizkaia y de los vascos.

Sus orígenes se remontan incluso a antes de la Edad Media. Se disponen de noticias sobre la existencia de normas no formuladas de carácter consuetudinario para cada uno de sus territorios: Tierra Llana, Encartaciones y Duranguesado. Se trata de un texto que recopila los usos y costumbres de la Tierra Llana a la hora de administrar justicia penal, además de ciertas disposiciones alusivas a los derechos del Señor de Vizcaya y de los hidalgos con respecto del aprovechamiento de montes.

En las Crónicas de Alfonso III del siglo X ya se habla del Fuero de Bizkaia. Los sucesivos señores de Vizcaya y después los reyes de Castilla debieron jurar bajo el árbol de Gernika su acatamiento a los Fueros de Bizkaia.

Si alguna disposición del Señor de Bizkaia o del Rey de Castilla infringía el Fuero pasaba a aplicarse el denominado **"PASE FORAL"** por las Juntas Generales (biltsar Nagusia), esto es, "se obedece, pero no se cumple". Así se recogía en el Fuero Viejo de Bizkaia (1452) que invalidaba cualquier resolución del Señor de Bizkaia que fuese contra el Fuero. El año 1526 se puso por escrito.

Se desarrollaron instrumentos como el Habeas Corpus, o la Hidalguía Universal que establecía la igualdad civil entre vecinos con consecuencias tan notorias como la prohibición de ser sometidos a torturas o a la exención de tributos. Por lo tanto, se reducía la desigualdad entre señores y vasallos. De igual manera, el servicio militar quedaba sometido a la obligación de seguir al Señor de Bizkaia hasta el Árbol Malato, y más allá de este límite, como hombres libres que eran, debían recibir un sueldo.

C.- Señorío de Vizcaya

A partir del año 1200, cuando Castilla ocupó militarmente Álava y Gipuzkoa, los fueros (autogobierno) solo se concedieron a las ciudades de nueva fundación, las que se creaban en la costa impulsadas por élites autóctonas que las convirtieron en puertos preferentes de Castilla. Entre 1200 y 1400 se fundaron Bilbao, Lekeitio, Bermeo, Getaria, Ondarroa, Getaria y Donosti. Se dedicaban a la exportación de lanas castellanas hacia los Países Bajos y a la importación de ropas de lujo.

El Señorío de Bizkaia llevaba un retraso considerable en el proceso urbanizador. Se encontraba compartimentado en cuatro agregados institucionales: la Tierra Llana, las Encartaciones, el Duranguesado y las villas. Las entidades menores de la Tierra Llana eran las anteiglesias, agrupadas a su vez en merindades.

En Vizcaya existió un régimen pactista consuetudinario similar al navarro. El nuevo Señor, como ya hemos expuesto, debía jurar guardar los privilegios, usos, costumbres, franquezas, libertades y fueros de los vizcaínos ante el roble de Gernika. En caso de no hacerlo, no sería reconocido como señor, ni sus cartas y mandatos reconocidos, ni aceptados sus recaudadores. Una vez efectuado el juramento, los vizcaínos expresaban su fidelidad hacia el nuevo Señor mediante la ceremonia del besamanos.

Las explotaciones agrarias vascas no estaban amparadas por los Fueros y tenían una fiscalidad más onerosa, además de estar sometidas a las guerras de banderizos. Muchos labradores huían a Bilbao y a otras villas y ciudades de España y también fueron muchos los que emigraron a la meseta castellana y al sur de la península para repoblar territorios abandonados por los musulmanes.

Hay que considerar que nunca fue el pueblo llano, en su inmensa mayoría dedicado a la agricultura y la ganadería, quien se vio favorecido por los FUEROS VASCOS, sino los señores feudales, los monasterios y los pobladores de las villas que consiguieron generar economías productivas.

En 1342 se otorgó a Bizkaia el "fuero primitivo", que fue confirmado en 1376 por el infante Juan de Castilla. En 1452 se coleccionaron en Junta General, introduciéndose prácticas que no estaban escritas. Esta recopilación fue la base de los fueros vizcaínos hasta el siglo XIX. Se trataba de meros privilegios, iguales a los del resto de Castilla y, en origen, sus exenciones y franquicias se habrían debido a la pobreza y orografía especial de la región, que obligaba a los reyes castellanos a concederles privilegios para que no se despoblasen.

Vizcaya no tuvo fuero por escrito hasta el año 1526. Anteriormente, cada pueblo se había gobernado, como los demás de la España medieval, por usos y costumbres, algunos por fueros municipales o cartas de población y en los negocios generales por la legislación de los reyes de Castilla. Algunas nuevas villas se rigieron por los fueros de Logroño, que eran más antiguos.

En los reinados de Don Pedro (1320) y Enrique II (1372 – 1404) se formó la Hermandad de Vizcaya para evitar violencias de los famosos bandos vizcaínos y ésta fue la causa por la que se conservase un régimen foral que se perdió en el resto de Castilla a consecuencia del Ordenamiento de Alcalá de 1348.

Cuando Castilla perdió sus fueros, Vizcaya conservó su gobernación por medio de las Juntas con las cartas-pueblas en las villas y con el fuero de los hidalgos de Castilla en tierra llana. Hacia la centuria de 1700 los fueros ya se habían extendido a la práctica totalidad del territorio de Euskadi.

D.- Gipuzkoa

Sus fueros eran las libertades concejales concedidas sucesiva e individualmente a San Sebastián y a otros pueblos de Gipuzkoa por los reyes medievales. El fuero de San Sebastián fue concedido por el rey navarro Sancho VI y confirmado en 1202 por Alfonso VIII de Castilla.

Por fueros de Gipuzkoa se entendían los cuadernos de la Hermandad de Gipuzkoa (más tarde conocida como Junta General y Diputación) que fue impuesta por Enrique II, Juan I, Enrique III y Enrique IV y tenía la misión especial de defender las villas y mantenerlas en paz, repeliendo y castigando las perturbaciones de los poderosos de la zona, hasta que Enrique IV acabó con ellos.

E.- Álava

Los fueros de Álava no eran propiamente tales, sino un cuaderno de leyes y ordenanzas con que se gobernaba la provincia, así como diferentes privilegios y cédulas reales. Según Ramón Ortiz de Zárate, los fueros de las tres provincias eran iguales en esencia y solo se diferenciaban en pequeños detalles de forma.

F.- Navarra

Las instituciones de Navarra, reino anexionado por Castilla en el siglo XVI (18 de febrero de 1513), tenían poco que ver ya que sus fueros eran la antigua legislación de la monarquía de la Edad Media de Navarra, en la que preponderaban los eclesiásticos y la alta nobleza.

G.- Principios del siglo XIX

Se emprendió una campaña contra los fueros. La constitución de 1812 fue, en principio, aceptada en las provincias vascongadas. Sin embargo, después perdió las simpatías de la mayoría. Tras el regreso de Fernando VII, en Real Cédula de 20.07.1814 se confirmaban los fueros vascongados y navarros.

En el Trienio Liberal (1820-1823) las provincias vascongadas fueron niveladas completamente con las demás provincias, perdiendo los Fueros. En 1824 se implantaron de nuevo.

H.- El carlismo y los fueros

Según Juan Antonio de Zaratiegui, secretario del general Zumalacárregui, el apoyo vasco-navarro al alzamiento carlista en 1833 no se produjo para defender los fueros, ya que éstos estaban plenamente vigentes. Sin embargo, al quedar la mayor parte de su territorio en manos de los carlistas, el general isabelino Castaños dio un bando suspendiendo los fueros. Las diputaciones forales se negaron a reconocer el Estatuto Real de abril de 1834 como ley obligatoria para ellas.

El general Espartero del ejército Isabelino el 19.05.1837 prometió conservar los fueros, pero en septiembre de ese mismo año se eliminaron las diputaciones forales sustituyéndolas por diputaciones provinciales. Los partidarios de Don Carlos procuraron unir ambas cuestiones, la foral y la dinástica e hicieron jurar al pretendiente los fueros bajo el árbol de Gernika, prometiendo respetarlos y mantenerlos.

El Convenio de Vergara establecía el mantenimiento de los fueros. La ley del 25.10.1839 confirmó los fueros, sin perjuicio de "la unidad constitucional de la monarquía" y proponiendo su modificación.

El general Espartero incumpliría su promesa y el 29.10.1841 mediante un decreto exigió:

- La organización de los ayuntamientos con arreglo a las leyes generales
- La sustitución de las Juntas y Diputaciones forales por las diputaciones provinciales
- La abolición del régimen judicial de las provincias vascongadas
- La supresión del pase foral (derecho a no cumplir órdenes emanadas de la Monarquía si atentaban contra la legislación propia, concedido en el siglo XV a las vascongadas y en 1527 a Navarra) y
- El estableciendo las aduanas en las costas y la frontera.

El Real Decreto de 04.07.1844 restituyó las Juntas y Diputaciones forales, pero siguieron suprimidas el "pase foral" y las aduanas interiores.

I.- Sexenio democrático o revolucionario (09.1868 a 12.1874)

Se inició una campaña antifuerista y en septiembre de 1870, bajo el pretexto de que algunos de sus individuos conspiraban contra el gobierno, se destituyó a la Diputación Foral nombrada por las Juntas y se sustituyó por otra interina nombrada por el gobernador.

En junio de 1872 se firmó el Convenio de Amorebieta en el que se reconocía el régimen foral de manera explícita y solemne. Sin embargo, esto no fue suficiente para detener la tercera guerra carlista y en 1875 Alfonso XII propuso devolver los fueros para poner fin a la guerra a cambio de la rendición del bando carlista. Los dirigentes carlistas se mostraron indiferentes a la propuesta.

Una vez terminada la guerra, mediante la ley de 21.07.1876 se abolieron finalmente los Fueros, juntas y Diputaciones de las tres Provincias Vascongadas. Se concedió a cambio a las tres provincias vascas el "CONCIERTO ECONÓMICO".

J.- El Concierto Económico

Se concedió a las nuevas Diputaciones la facultad de negociar con la Hacienda estatal la fijación de un CUPO o cantidad que había que entregar al Estado por los impuestos concertados con este, reconociendo a las Diputaciones el derecho a cobrar y gestionar esos impuestos.

El cupo permitió a las tres diputaciones vascas contar con una masa de recursos que les permitió la intervención en campos y competencias fuera del alcance de otras Diputaciones.

Las Diputaciones vascas optaron por una política fiscal basada en impuestos indirectos aplicados a los productos de primera necesidad y más consumo (alimentos, bebidas, combustibles), que repercutió más en los sectores más desfavorecidos.

K.- El idioma vasco

Durante el siglo XIX y hasta muy avanzado el siglo XX las personas con recursos que podían estudiar debían ir a las universidades españolas y solían hablar un buen castellano, mientras que los que no estudiaban no sabían hablarlo.

Esto hacía que el hecho de hablar castellano denotara una clase social superior y, por el contrario, el hecho de no saberlo era sinónimo de pertenencia al mundo rural.

Los inmigrantes que llegaban a estas tierras a buscar el sustento hablando castellano, mostraron a los oriundos que no era cuestión de lengua la posición social y, sin embargo, en el País Vasco todavía en el año 2025 sigue habiendo un inmenso complejo idiomático, en especial entre las personas menos cultas, que les induce a hablar en castellano en vez de hacerlo en euskera para aparentar una posición social o cultural superior.

¿Seremos capaces de superarlo? Muchos lo han conseguido, pero no hemos sabido hacerlo entender a demasiados de entre nosotros quienes no se encuentran suficientemente orgullosos de su propio idioma.

Expongo mi criterio, guste o no: Hemos de facilitar el euskera batua, aprovechando todas cuantas palabras se parezcan al castellano y que ya vienen siendo utilizadas por el pueblo y apartando los neologismos que estorban en su aprendizaje, porque incluso quienes nacimos en este idioma al cabo de los años nos hemos encontrado desconectados del idioma vasco escrito por la cantidad de neologismos utilizados. Y también ha provocado que los antiguos vascohablantes nos sintamos a veces francamente incómodos con los nuevos por las diferencias verbales.

III.2.- SOBRE EL CARLISMO

A.- Primera guerra carlista
Donde finalmente alcanzó mayor fuerza el alzamiento de la primera guerra carlsita (1833 – 1840) fue en el País Vasco y Navarra, que fue la más reñida y sangrienta del siglo XIX.

Tras la proclamación de Isabel II como reina, los españoles de la época estaban divididos en dos grupos enfrentados: el uno absolutista, apoyado por Rusia, Austria y Prusia, y el otro liberal, apoyado por Francia, Inglaterra y Portugal

Los carlistas (absolutistas que apoyaban a Don Carlos y la Ley Sálica, que negaba el derecho de las mujeres a ser reinas) lograron hacerse fuertes en el País Vasco y Navarra, mientras sus capitales (San Sebastián, Pamplona, Vitoria y Bilbao) permanecieron fieles a la regente María Cristina.

La lucha entre ambos bandos fue encarnizada. En diciembre 1936 el general Espartero, del ejército isabelino, consiguió romper el sitio de Bilbao y desde entonces comenzó a decaer el partido carlista. El Convenio de Vergara se firmó entre los generales Maroto y Espartero, sellando la paz en España.

B.- Segunda guerra carlista
Fue más una guerra de guerrillas con partidas en Gipuzkoa, Navarra, Santander, Extremadura y Andalucía y se inició de forma descoordinada debido a la impaciencia de algunos cabecillas carlistas.

El conde de Montemolín (Carlos Luís) desembarcó en España en San Carlos de la Rápita (1860) y se vio obligado a huir y a renunciar a sus derechos al trono. En 1869 hubo otro alzamiento carlista para reivindicar la llamada unidad católica contra la Constitución Española de ese año que sancionaba la libertad de cultos. La siguiente intentona (la

Escodada de 1870) se llevó a cabo en Euskadi, pero fue rápidamente reprimida por Allende – Salazar, Capitán General de Euskadi y Navarra.

C.- Tercera guerra carlista (1872 – 1876)

Don Carlos mandó que se retirasen sus candidatos y que los diputados y senadores que ya hubiesen sido elegidos no se presentasen en las Cortes. La insurrección estaba ya decidida. Sin embargo, solo en las provincias vascas los carlistas habían logrado hacerse fuertes. El ministro Francisco Romero estableció que fueran expulsadas de España 13.000 personas y embargadas 14.000 familias carlistas.

El 17.02.1876 las fuerzas de Primo de Rivera se apoderaron del fuerte de Montejurra, pero pronto los carlistas se vieron obligados a pasar a Francia y Don Carlos se despidió de España.

El PNV mantuvo con el carlismo una relación conflictiva ya que lo acusaba de españolista, aunque posteriormente mantuvieron relaciones de cooperación en defensa de los fueros (1921) y finalmente de enemistad plena durante la guerra civil española.

D.- Guerra Civil española

La entrada en el gobierno español del Frente Popular aceleró los planes de sublevación de los carlistas que conspiraron con los generales Sanjurjo, Mola y Franco contra el gobierno establecido. Finalmente, en abril de 1937 Franco disolvió la Comunión Tradicionalista para integrarlo en el único partido del nuevo régimen Falange Española Tradicionalista y de las JONS.

III.3.- SABINO ARANA GOIRI (25.01.1865 – 25.11.1903)

A.- Orígenes

Proveniente de una familia carlista, su figura sigue siendo polémica ya que sus detractores denuncian el fundamento racista, machista y xenófobo de su ideología. El nacionalismo vasco independentista preconizado por Arana nació en una época de bruscos cambios sociales, culturales y políticos, todo lo cual influyó en su manera de pensar.

Su hermano Luís le presentó un estudio crítico del carlismo por ser españolista y, tras largas horas de debate, a Sabino le entraron dudas sobre sus ideas y decidió estudiar la lengua, la historia y las leyes de Vizcaya. Al cabo de un año ya se consideraba convencido. Desde su carlismo y fuerismo original evolucionó a un vizcainismo independentista en el que cambió el lema fuerista "Jaungoikoa eta foruac" (Dios y fueros) por el nacionalista "Jaun Goikoa eta Lege Zarra" (Dios y la vieja ley).

Sabino Arana pronunció el año 1893 un discurso privado, el llamado Discurso de Larrazabal, en un acto que representó el comienzo de su actividad política y el inicio semioficial del nacionalismo vasco. Ese mismo año, el día 16 de agosto, se celebró en Gernika un homenaje al Árbol de Gernika por la mañana y por la tarde elementos nacionalistas quemaron dos banderas españolas repitiendo "muera España" y "Viva Euskeria independiente". Este suceso se considera la primera manifestación del independentismo vasco (la "Sanrocada").

Los hermanos Arana fundaron el año 1894 el primer centro político bajo la apariencia de una sociedad cultural ("Euskal Batzokija"). Primero solo aceptaban a quienes tuvieran los cuatro apellidos vascos.

El 31.07.1895 se conforma el Bizkai Buru Batzarra, el primer órgano decisorio del actual PNV con una ideología inicial aranista, que se resume en el lema de su partido "Dios y ley antigua", es decir, el catolicismo antiliberal y la supuesta histórica independencia vasca basada en los fueros.

B.- Tres épocas de su evolución ideológica de Sabino Arana

Primera.- Antiespañolismo más radical (1892-1898), considerando a los vascos superiores a los españoles (raza degenerada, afeminada e inferior).

Segunda.- A partir de 1898 los anteriores conceptos se suavizan, lo que permite la adhesión de nacionalistas más moderados. Sólo se consideran corruptos y degenerados a los gobernantes españoles.

Tercera.- Desde 1902: tras ser encarcelado, sus cargos electos destituidos y sus sedes clausuradas, Sabino se plantea, conforme a lo que expone en una carta a su hermano, la posibilidad de un proyecto "españolista" dejando al margen el nacionalismo, pero dicho proyecto no llegó a ponerse en marcha.

C.- Ideas

- Derivado de sus raíces carlistas, Arana considera el catolicismo como constituyente esencial de la raza vasca.

- Sus detractores consideran que Arana profesaba ideas racistas y xenófobas, siendo este aspecto objetivo principal de sus críticas a su ideología.

- Rechazo visceral hacia el liberalismo de la época, fuese conservador o progresista.

- Se enfrentó al PSOE, representante de los intereses obreros y de los inmigrantes, por ser anticlerical.

- Se confesó anticapitalista como expresión de la ruptura de las formas de vida tradicionales de la nación vasca.

- A las mujeres les reclamó sumisión y obediencia: "La mujer es vana, superficial y egoísta, tiene un grado sumo de todas las debilidades".

III.4.- LA GUERRA CIVIL EN EUSKAL HERRÍA

Previo: las fuerzas políticas vascas en la República

1.- Los partidos de derecha republicana: El más importante era la Comunión Tradicionalista que agrupaba a los antiguos carlistas, Renovación Española y la Confederación de Derechas Autónomas.

2.- Los Partidos Nacionalistas: El PNV, católico y conservador, y Acción Nacionalista Vasca, escisión izquierdista del PNV.

3.- Los Partidos Republicanos: partidos pequeños y muy divididos.

4.- Los Partidos obreros: El Partido Socialista Obrero Español y el Partido Comunista

En 1931 la Sociedad de Estudios Vascos redactó el llamado Estatuto de Estella que fue rechazado en las Cortes debido a varias causas de inconstitucionalidad.

Se constituyó un sistema para elaborar un nuevo Estatuto vasco de Autonomía, que fue aprobado en Madrid en las Cortes republicanas en octubre de 1936, formándose un Gobierno Vasco con participación del PNV, ANV, PSOE, Izquierda Republicana, Unión republicana y Partido Comunista de Euskadi.

La guerra civil resultó fugaz y dolorosa en el País Vasco: desde la toma de Irún (05.09.36) hasta la caída de Bilbao (19.06.37). El acuerdo definitivo con el ejército italiano se formalizó el 24.08.1937, pero no fue cumplido por los vencedores.

Fueron más los vasco-navarros que lucharon con las tropas de Franco que quienes se alistaron en los batallones leales a la república y al gobierno de Aguirre, dando lugar a una confrontación entre vascos. Fue la contienda y su desenlace final lo que exacerbó las diferencias entre vascos hasta convertirlas en irreconciliables por muchos años.

A.- El alzamiento

- En Bizkaia no hubo alzamiento.
- En Gipuzkoa tras un tímido intento, fue sofocado por las fuerzas del Frente Popular.
- En Álava no hubo oposición a los sublevados de la República.
- En Navarra tampoco.

B.- El PNV y la guerra civil

Según el criterio de Ramiro Pinilla, el PNV podía encajar en cualquiera de los dos bandos y le fue posible elegir, pero el PNV estaba tan incómodo con el frente popular como con el ejército franquista y consideraba la guerra civil como ajena.

El suspense comenzó aquel 19 de Julio y se prolongó hasta que las Cortes Españolas de la República aprobaron el Estatuto el 1 de octubre: 73 días de guerra en los que el PNV hizo poco más que deshojar la margarita. En realidad, el suspense concluyó el 25 de septiembre cuando el PNV entró en el Gobierno de la República a cambio de la concesión del Estatuto.

Por contra, la rebelión había triunfado en Vitoria, donde el PNV, dubitativo y bajo amenazas acabó desmarcándose de la República. También el PNV de Pamplona se desvinculó de la República dos días antes que en Vitoria. La del PNV fue la única ideología que necesitó pregonar que elegía el bando de la República, las demás no inspiraban sospechas.

C.- La guerra en Gipuzkoa

Hubo matanzas por parte de los soldados republicanos en las cárceles de Ondarreta (San Sebastián), fuerte de Guadalupe (Ondarribia) y Tolosa, como respuesta a los bombardeos fascistas sobre un hospital y sobre civiles. Las milicias nacionalistas impidieron más desmanes.

En Julio ocho columnas navarras de requetés, falangistas y del ejército regular avanzaron sobre Gipuzkoa, el 5 de septiembre tomaron Irún y cerraron la frontera con Francia, el 13 de septiembre ocuparon San Sebastián, llegando el 22 de septiembre al río Deva. El 12 de octubre el frente se detuvo en la frontera con Bizkaia.

D.- La guerra en Bizkaia

Durante los primeros tres meses de guerra fueron saqueadas y destruidas varias iglesias y asesinados unos 50 sacerdotes en la zona republicana. El PNV no disponía de fuerzas organizadas para evitar estas atrocidades.

En agosto y septiembre de 1936, a consecuencia de un bombardeo indiscriminado de los aviones alemanes, hubo asesinatos en masa en varios buques prisión de Bilbao, llegando a unos 170 muertos. El 4 de enero de 1937, 224 presos políticos de la cárcel de Larrinaga fueron asesinados por un batallón de socialistas amotinados. La matanza fue parada por los gudaris salvando la vida de más de 100 prisioneros. El Gobierno vasco ordenó juzgar a los responsables con el resultado de seis fusilamientos.

La defensa fue muy deficitaria en alimentos, armamento y organización y se enfrentó a un ejército regular bien adiestrado y con una jerarquía rígida. En febrero de 1937 siete batallones vascos acudieron al frente de Asturias para apoyar en el ataque franquista sobre Oviedo.

En la primavera de 1937 el general Mola inicia el asalto sobre Bizkaia con el apoyo de 140 aviones, de los que 65 fueron de la Legión Cóndor. Durango fue bombardeada el 31 de marzo y Gernika el 26 de abril. La ofensiva acabó tomando Bilbao al tener plena información sobre su "Cinturón de Hierro" por Alejandro Goicoechea, el ingeniero que lo diseñó y que se pasó con toda la información al bando franquista. El 19 de junio cayó Bilbao y más de 20.000 gudaris se retiraron hacia Cantabria. Los bombardeos de Gernika y Durango quedaron como dos grandes ensayos criminales, que precedieron a lo que sucedería en la Segunda Guerra Mundial.

E.- Pacto de Santoña

Cinco dirigentes del PNV cruzaron de Vizcaya a Santander por última vez: Solaun, Arteche, Ajuriaguerra, Arregui y Arredondo. Quedaron afectos al PNV 12 batallones de infantería y 5 de ingenieros.

Los comisarios del PNV Lejarcegui y Ugarte estudiaron la manera de retirar del frente los batallones nacionalistas para dirigirlos hacia Santoña con el fin de consumar la rendición ante los italianos. El ejército nacionalista vasco se daba por vencido y consideraba que la guerra había terminado con la caída de Bilbao.

Ajuriaguerra acordó unas condiciones en Bayona, que no fueron respetadas por los italianos. El acuerdo fue fechado el 24.08.37 entre dirigentes políticos vinculados al PNV y los mandos de las fuerzas italianas. El acuerdo acabó fracasando y por algunos la rendición fue considerada como una traición a la República.

Desde la primavera, antes de la caída de Bilbao, Juan de Ajuriaguerra había estado negociando con la mediación del Cardenal Pacelli (futuro papa Pio XII) un acuerdo de rendición. El papel del lehendakari Aguirre sigue siendo incierto. Parece que no era partidario del acuerdo porque no se fiaba de los italianos, pero es posible que quisiera utilizarlos para pasar gente a Francia. La responsabilidad del pacto de Santoña fue exclusivamente del PNV. Pero los vascos fueron vejados y burlados tanto por los italianos como por los españoles.

El 26.08.37 entraron dos barcos mercantes ingleses en Santoña protegidos por un destructor. A las 10 de la mañana el general Dávila ordenó la suspensión de la operación y el desembarque incumpliendo los acuerdos entre las partes y además ordenó el internamiento de los gudaris en el penal del Dueso.

Hacia noviembre:
- 11.000 gudaris habían sido puestos en libertad.
- 5.400 estaban integrados en batallones de trabajo.
- 5.600 en prisión.
- 510 habían sido ejecutados, entre ellos la mayoría de los jefes militares y políticos republicanos.

El 5 de octubre fusilaron al comunista Eguidazu.

El 15 de octubre fueron fusilados 14 hombres por los soldados franquistas: 2 dirigentes del PNV, 2 del ejército vasco, también militantes del PNV, 2 del Partido Socialista, 2 del Partido Comunista, 2 del sindicato Solidaridad de Trabajadores Vacos. 2 anarquistas de la CNT y 2 más.

Los dirigentes del PNV deambularon durante años de cárcel en cárcel. Ajuriaguerra salió a finales de 1943. Muchos soldados rasos de los batallones vascos también pasaron por cárceles y campos de concentración, tal como fue el caso de Eugenio Torrealday Arribalzaga, mi padre, quien jamás en su larga vida me hizo un solo comentario sobre la guerra civil perdida ni sobre los dos o tres años de trabajos forzados por todo el norte de España, desde Miranda hasta Galicia, según mi madre.

F.- La represión en el País Vasco post- guerra civil
Después de la ocupación de 1936-37 están probados al menos:
- 199 muertos extrajudiciales en Álava.
- Unos 500 en Gipuzkoa.
- Unos 900 en Bizkaia.
- 2.466 en Navarra.

III.5.- EL PNV (PARTIDO NACIONALISTA VASCO)

A.- Definición e imaginario

Es un partido político español de ideología nacionalista vasca fundado en 1895 por Sabino Arana y que se ha situado siempre en el centro del espectro político. También ha sido descrito como de ideología liberal, socialdemócrata y demócrata cristiana, con facciones de centroderecha y centroizquierda.

Su lema es "Jaungoikoa eta lege zaharra" (Dios y la ley vieja), refiriéndose a los Fueros como los principios de tradición político-religiosa que el PNV defendía en sus inicios, aunque en la actualidad se declara aconfesional desde 1977. Se define como "Partido vasco, democrático, aconfesional y humanista, abierto al progreso y a todos los movimientos de avance que redunden en beneficio del ser humano".

El fundador del Partido Nacionalista Vasco Sabino Arana y su hermano Luís diseñaron la IKURRIÑA, actual bandera de Euskadi, con el siguiente simbolismo: la cruz blanca alusiva a Dios se coloca por encima de la tradición representada en la cruz verde de San Andrés y ambas se superponen al fondo rojo que simboliza al pueblo.

B.- El PNV en el Gobierno vasco

El PNV se encontró desde la transición a la democracia del año 1975 con potentes competidores, pero supo convertirse en el protagonista de la lucha por el autogobierno por su habilidad en combinar una doble estrategia: por un lado, con una actitud abierta y generosa que trataba de reparar los errores históricos y por otro, utilizaron el boicot y el puenteo al Consejo General Vasco, presidido por el socialista Ramón Rubial, como órgano que negociaba con el Gobierno Central la preautonomía.

El electorado premió al nacionalismo moderado en las primeras elecciones democráticas y el PNV supo formar un gobierno con gente independiente y de gran prestigio profesional.

Por la ley orgánica 3/1979 de 18 de diciembre se aprobó el Estatuto de Gernika que se convirtió en un instrumento jurídico capaz de generar una sociedad vasca plural, bilingüe, en la que ambas lenguas y culturas gozan de la misma consideración y son un patrimonio no solo de los vascos sino de cada ciudadano. Según Mario Onaindia, surge un nuevo patriotismo vasco que tiene muy poco que ver con todo lo anterior. En el mundo del euskera se insiste mucho en que no se trata de nacionalismo sino de abertzalismo (patriotismo).

Las ikastolas empiezan a surgir a comienzos de los sesenta bajo la protección de alguna institución religiosa como única forma de legalización, impulsadas por padres que querían que sus hijos aprendieran el euskera, ya que en las escuelas públicas estaba absolutamente prohibido otro idioma que no fuera el castellano. En la actualidad el euskera se enseña en prácticamente todas las escuelas y colegios vascos.

El PNV presidió el Gobierno Vasco desde 1979 hasta 2009 de manera ininterrumpida y el Gobierno vasco era igual a partido: era la época en que la oposición recriminaba al PNV que estaba convirtiendo Euskadi en un batzoki (sede social del PNV). En el cuatrienio entre 2009 y 2013 el Gobierno vasco fue presidido por López.

En Navarra forma parte de la coalición "Geroa bai".

C.- Encuesta de 2012 entre votantes del PNV

-     El 22% se definen como votantes de izquierdas.
-     El 8% de derechas.
-     El 60% de centro.

D.- Posición sobre ETA

El PNV ha condenado a ETA en repetidas ocasiones y ha denunciado todos sus atentados. Ha sido objeto de ataques por parte de ETA y el entorno de la izquierda radical abertzale radical. El PNV y ETA han mantenido siempre relaciones hostiles.

ETA ha asesinado a simpatizantes y afiliados de PNV, ha amenazado e intentado asesinar a varios de sus dirigentes y sus sedes han sido atacadas en varias ocasiones.

E.- Escisiones en el PNV

- En 1909 se fundó el Partido Nacionalista Liberal Vasco.
- En 1911 se fundó el Partido Republicano Nacionalista Vasco.
- En 1921 el PNV se dividió, reunificándose en 1930.
- En 1930 surgió Acción Nacionalista Vasca, de izquierdas.
- En 1958 se escindió del PNV el grupo Ekin (origen de ETA).
- En 1982 se escindió Euzkotarrak, con Antón Ormaza de líder.
- En 1986 se escindió Eusko Alkartasuna (EA), por discrepancias entre Carlos Garaikoetxea y Arzallus.

Y como nos lo expone Mario Onaindía en su ensayo "Guía para orientarse en el laberinto vasco": "De pronto, estalló la crisis: Emilio Guevara planteó que la estructuración de Euskadi fuera muy respetuosa con las competencias de las Diputaciones a fin de no herir la susceptibilidad de los alaveses siendo respaldado por Arzalluz y el aparato del partido. Por otra parte, Carlos Garaikoetxea, presidente en esas fechas del Gobierno Vasco, buscaba una estructuración menos confederal y un poder más fuerte del Gobierno vasco en detrimento de las Diputaciones, mientras los socialistas y Euskadiko Ezkerra defendían un poder lo más centralizado posible.

Garaikoetxea proponía dos puntos:

1.- El desarrollo de la Ley de Territorios Históricos (LTH) de acuerdo con los criterios del Gobierno vasco

2.- Que el lehendakari no se sometiera a la disciplina del partido para poder decidir sobre la LTH.

Ambos perfiles, Arzalluz y Garaikoetxea, respondían al del líder carismático de un partido nacionalista, ambos eran excelentes oradores. Eran casi intercambiables, pero discrepaban en los dos puntos arriba citados. El debate ideológico sobrepasó la esfera política y se convirtió en confrontación abierta en la vida cotidiana de los militantes que dejaban de saludarse. En las elecciones internas, Garaikoetxea apoyó a Hormaza, con mentalidad tradicionalista foralista y en contra de Xabier Arzalluz, de matiz socialdemócrata modernizadora.

Arzalluz no dudó en pactar con el PP para aprobar "su" Ley de Territorios Históricos (LTH) y Garaikoetxea decidió entonces abandonar el partido y crear otra formación política, Eusko Alkartasuna (EA). El resultado de EA en las primeras elecciones fue excelente al obtener 14 diputados por los 17 del PNV. Garaikoetxea se negó a negociar con el partido socialista planteando exigencias excesivas. Y fue Arzalluz quien pactó con el PSOE asumiendo un discurso modernizador.

F.- Presidencia de José Antonio Ardanza (1985 – 1999)

José Antonio Ardanza fue designado presidente del Gobierno Vasco el año 1985 tras la dimisión de Carlos Garaikoetxea en el contexto de la escisión entre PNV y EA y reelegido en las elecciones de 1986 mediante un acuerdo con el Partido Socialista de Euskadi.

Como nos lo expone Mario Onaindía en su ensayo "Guía para orientarse en el laberinto vasco": "La postura modernizadora del PNV estuvo encabezada por Ardanza siendo el lehendakari del "espíritu de Arriaga", el que impulsó el Pacto de Ajuria Enea y sobre todo quien comprendió el profundo valor de las movilizaciones democráticas en contra de ETA llegando a ponerse al frente de ellas a raíz del secuestro y asesinato de Miguel Ángel Blanco".

En 1988 Xabier Arzalluz, en el teatro Arriaga de Bilbao, dejó sentado claramente y por primera vez en la historia de su partido, que para ser vasco no hacía falta ser nacionalista. El espíritu de Arriaga se entendió como un sinónimo de apertura, flexibilidad y evolución positiva respecto a las antiguas posturas tradicionales y sectarias del nacionalismo.

La Asamblea Nacional del PNV de 1988 aprobó lo que se denominó "el espíritu de Arriaga" y la búsqueda de la comodidad dentro de España". La pertenencia de Ardanza al área moderada y autonomista del PNV propició este acuerdo y la prolongada colaboración con el PSE entre 1986 y 1998. Su gestión estuvo marcada tanto por el desarrollo del autogobierno vasco, destacando el despliegue territorial de la Ertzaintza, como por la firma del Pacto de Ajuria Enea (1988), por el que se alcanzó una unidad de acción entre todos los partidos políticos que condenaban la violencia de ETA, con la consiguiente exclusión de HB.

En febrero de 1998 promovió un plan de paz, denominado "Plan Ardanza" que pretendía impulsar un diálogo sin límites entre los partidos vascos ajenos a la actividad terrorista, en busca de un nuevo consenso respecto del marco jurídico del País Vasco. Pero el plan no tuvo mucho éxito. Por último, cabe resaltar el liderazgo de Ardanza en las movilizaciones contra los secuestros y demás actividades de ETA.

G.- Presidencia de Juan José Ibarretxe (2.01.99 a 7.05.2009)

En su primera designación fue apoyado por el PNV, EA y EH (Eusko Herritarrok, plataforma de HB con fuerzas de la izquierda abertzale), formándose un gobierno de coalición entre PNV y EA, firmándose posteriormente un acuerdo de legislatura con EH. El 27.11.1999 ETA rompió el alto el fuego y ello obligó a Ibarretxe a dejar en suspenso su pacto de legislatura con EH, que se rompió de forma definitiva el 22.02.2000 tras el asesinato por ETA del dirigente socialista Fernando Buesa y el ertzaina Jorge Díez.

Para la siguiente legislatura de 2001 la coalición PNV y EA con Ibarretxe de candidato presentó un programa abiertamente soberanista y favorable a la autodeterminación. En cumplimiento de su programa electoral el Gobierno Vasco propuso la reforma del Estatuto de Autonomía, más conocida como Plan Ibarretxe, que abogaba por la libre asociación entre el País Vasco y España y el derecho de autodeterminación. Se aprobó en el Parlamento Vasco por mayoría absoluta (39 votos de 75) el 30.12.2004, pero esta propuesta fue derrotada en el Parlamento español por 313 votos en contra y 29 a favor.

Entre 2004 y 2007, aún con las bombas y asesinatos de ETA, Josu Jon Imaz, entonces presidente del Euzkadi Buru Batzar, abogó desde el PNV por modernizar el discurso nacionalista y actualizar el concepto de soberanía con un encaje dentro de España buscando la trasversalidad electoral. Para no fracturar el partido, Imaz renunció y se marchó a EEUU.

Desde el Gobierno Vasco el entonces lehendakari Ibarretxe representaba al sector dispuesto a romper con España mediante una consulta. En el año 2007 Ibarretxe propuso una hoja de ruta para un referéndum vinculante en el País Vasco, pero el 11.09.2008 el Tribunal Constitucional declaro por unanimidad inconstitucional la ley impulsada por Ibarretxe.

Ibarretxe perdió las elecciones vascas y el PNV hizo un replanteamiento estratégico: Ibarretxe desapareció de la escena política y se impuso el sector pragmático y moderado de Urkullu, que ganó 3 elecciones seguidas. Los nacionalistas vascos elevaron la negociación política a la categoría de arte, con apoyos al PSOE y al PP según la conveniencia.

H.- Presidencia de Urkullu (2012-2023)

La gran diferencia entre Ibarretxe y Urkullu residía en que este último replanteaba la cuestión territorial como un pacto para repensar su inclusión dentro de España y no para la escisión y sin ninguna condición férrea inmediata o cortoplacista desde ya (referéndum, amnistía).

Entendía así lo que otros olvidaban: facilitar una legislatura progresista que evaporase el fantasma ultraderechista no era solo tarea de la izquierda, sino también un interés existencial de los nacionalismos democráticos. La propuesta se planteó como un plan para España, no solo para Euskadi, algo también oportuno porque nos hablaba de cómo debía ser el futuro del conjunto.

Urkullu apostó por una "reinterpretación" de la Constitución "sin necesidad de su modificación previa". Enfoque adecuado, pues los partidos de la derecha necesitan tiempo para la digestión de los grandes cambios, como ocurrió con el divorcio y el aborto. Muchas de las medidas del texto de Urkullu son concretas y susceptibles de consenso amplio:

- Cumplimiento íntegro de los Estatutos sin invasión de competencias.
- Senado federal.
- Acceso autonómico al poder judicial y al Constitucional.
- Plurinacionalidad.
- Bilateralidad sin eliminar la multilateralidad.
- Necesidad de un "sistema de garantías", que debe ser mutuo y que se llama lealtad federal.

Esas ideas se envolvieron en un caparazón confederal de "derechos históricos", "concierto económico", "bilateralidad efectiva" y redujeron su foco a las "nacionalidades históricas", aunque el hecho repetido en la historia es el de que todas las confederaciones iniciales, de EEUU a Suiza, abocan al federalismo.

Urkullu nos ha recordado que "es cierto que la Constitución de 1978" intentó abrir un camino, aquel que el nacionalismo vasco querría seguir recorriendo y, como siempre, confederal utilizando la vía de la "actualización de los derechos históricos". Con este criterio, Urkullu, como la hormiga del cuento, sin estridencias y sin hacer ruido, ha pretendido ampliar el camino del entendimiento con el Estado español y, como él mismo ha dicho más de una vez, "en ausencia de violencia hay que dejar paso a la política".

III.6.- ÉPOCA FRANQUISTA EN EUSKAL HERRIA

A.- Vida juvenil

Recuerdo los años de mi juventud en la época franquista, es decir, hasta la muerte de Franco el 20 de noviembre de 1975. Fueron años de rebelión juvenil contra la dictadura, de organización de "movidas" contra el régimen, pero también de descubrimiento de una sociedad diferente y de nuevas potencialidades propias mirando hacia el futuro.

Los aspectos más importantes para mi desde que salí del seminario el 24 de junio de 1966, hasta el 20.11.1975,fecha de fallecimiento de Franco fueron, según mi criterio, los siguientes:

- El reconocimiento del amor y su maduración junto a la persona que ha dado sentido a mi vida hasta hoy.
- El avance continuo en mi pensamiento personal desde el primerizo exseminarista ávido de abrir mis ojos a una sociedad entonces desconocida para mí, hasta llegar a verla con pleno conocimiento y vivirla con intensidad.
- El aprendizaje del camino de la vida mediante mi inmensa curiosidad, la reflexión permanente, la aceptación de mis limitaciones y el reconocimiento de mis capacidades.
- La elaboración de mi propia personalidad y su creciente independencia de las influencias exteriores permanentes.
- Y otras cosas más.

B.- Sobre el ambiente social y político

Ser joven en aquellos años suponía llevar un letrero escrito en la frente que venía a decir lo siguiente: "potencial terrorista". Nunca en aquellos años hubo el menor atisbo de acercamiento de los guardias civiles y los policías de las ciudades, que definíamos como los grises, hacia el pueblo vasco en general y hacia los jóvenes y mayores de clases media y baja no afectos al régimen, en particular.

Estaban demasiado acostumbrados al autoritarismo y mano dura del franquismo y justificaban su actitud con la frase de que era eso lo que hacía cualquier policía del mundo. Yo añadiría, que era eso lo que hacía cualquier policía del mundo en territorio conquistado, que es lo que el País Vasco era para la policía franquista en aquella época.

Y protagonizaron en el País Vasco episodios dolorosos y vergonzantes con torturas, requisas ilegales, extorsiones, engaños a jueces, palizas, falsificación de informes, robo de armas, etc. protagonizados por guardias y policías, bajo las órdenes de personas que, en su gran mayoría, nunca fueron juzgadas ni penalizadas.

Como nos lo recuerda el escritor Lorenzo Silva (cuyo personaje central en sus novelas se identifica como un guardia civil) un autor nada sospechoso de mentir en este tema: "Hay más: no conozco a día de hoy confesión o reconocimiento por parte de ningún miembro de estos cuerpos a propósito de lo mucho que tuvieron que ver, hacer, escuchar y saber en su estancia en La Salve, Intxaurrondo u Ondarreta durante tantos años. Ninguno de ellos levantó la voz entonces ni después e incluso a algunos se les ha ascendido y condecorado". Y añade en su obra "El mal de Corcira": "los habitantes del País Vasco mirábamos a los guardias civiles con una mezcla de prevención y terror y con una aversión que los más inteligentes procurábamos disimular".

La realidad es que nos resultaban tremendamente habituales aquellos años los controles a cualquier hora y en especial cuando salíamos al atardecer y volvíamos a altas horas de la noche a Gernika de cualquiera de los pueblos de los alrededores. En tales ocasiones lo acostumbrado consistía en ponernos contra la pared más cercana de pie y con las piernas muy separadas para llevar a cabo los habituales "cacheos". Era realmente molesto y nos generaba una creciente animadversión contra policías y guardias civiles y esta sensación se expandía entre la gran mayoría de la población.

Este pasado y estas sensaciones han quedado integradas de forma permanente en mi visión de la realidad del País Vasco de mi juventud.

No es fácil imaginar lo que es para la gente normal estar bajo un Estado policial, en el que todas las personas eran tratadas como sospechosas en el que las faltas de respeto de la "autoridad", como ellos se autodenominaban, con el pueblo se sucedían a diario y en el que la gente veía a los policías como enemigos, personas poco fiables, violentas, salvajes, hostiles; no como protectoras sino como delincuentes.

Como nos lo expone Dolores Redondo en su novela "Esperando al diluvio": "Esta policía da miedo. No están para proteger y servir, están para perseguir y machacar. Detenciones arbitrarias, cacheos irrespetuosos, situaciones de abuso, burlas cuando los ciudadanos se dirigen a una comisaría a poner una denuncia. Y, sobre todo, violencia desatada contra civiles evidentemente pacíficos, justificada por la persecución a los que montan bronca.

Solo en las Siete Calles te podrán contar cientos de historias de cómo la policía armada ha entrado a saco en bares repartiendo leña a todo el que estaba dentro, hombres, mujeres, ancianos y hasta niños; historias de policías que sacaban el arma y la ponían encima de la barra y pedían una copa, de chavales obligados a estar horas contra una pared y los brazos en alto mientras la policía hacía una identificación rutinaria de su DNI que llevaba tres minutos como máximo".

C.- Situación de aislamiento, soledad y marginación de las fuerzas armadas en Euskadi

Mis padres eran perdedores de la Guerra Civil española y, por tanto, definidos como "enemigos del régimen" y personas siempre de dudoso valor ciudadano para quienes ejercían el poder, en especial el más cercano, el de los cuarteles de la guardia civil, las "fuerzas de ocupación", como las definíamos en aquella época, pero lo absolutamente lamentable es que la guardia civil parece seguir interpretando el mismo rol cincuenta años más tarde este año 2025 en Euskadi. Entonces eran unos seres ajenos totalmente a la vida del pueblo, personajes que deambulaban como fantasmas entre nosotros sin que jamás, salvo para pedir la prórroga militar por estudios o algún permiso de uso de escopetas de caza, se cruzasen en nuestro camino.

Jamás formaron parte del "pueblo", ni de sus fiestas y relaciones sociales, salvo, en todo caso, de los eventos organizados por el ayuntamiento franquista en los que participaban también como elementos importantes y útiles el párroco y algunos curas. Es de comprender que tanto Euskadi como Navarra fueran un destino difícil no solo por ETA sino, como nos lo expone Lorenzo Silva en su novela "El mal de Corcira": "Por la animadversión y falta de colaboración de la población. Ellos llegaban aquí como a un país ajeno y desconocido".

Como nos lo explica Eugenio Ibarzabal en el artículo "Ya está bien": "Hay quien dice que fue consecuencia de una estrategia de ETA contra ellos. Sin embargo, esta situación preexistía desde 1936 y 1937 por la consiguiente represión franquista. Dichas fuerzas constituyeron la maquinaria represiva del Estado contra amplísimas capas de población. Obraban con total impunidad y este sentimiento fue particularmente fuerte en Gipuzcoa y Vizcaya". Lo que en realidad ETA hizo fue aprovechar este sentir popular de animadversión contra las FSE (Fuerzas de Seguridad del Estado) para imponernos su propia estrategia y para generar ese injustificable sufrimiento. Esta puede considerarse como la razón más cercana para comprender cómo y por qué pudo nacer un grupo violento y hostil al régimen franquista, que más adelante se convirtió en la ETA que todos hemos conocido y sufrido".

Lógicamente unos y otros, guardias civiles y policías, estaban sujetos a una disciplina militar y a una situación de riesgo que conllevaba el encierro permanente en cuarteles pequeños y la separación prácticamente absoluta del resto de la población. Lo asombroso es que en el año 2025, cuando escribo estas letras, siguen acuartelados y alejados del pueblo.

D.- ¡Y queda en nuestra memoria colectiva!

Cuando escribo estas líneas, en abril de 2025, lo hago como si estos hechos hubieran sucedido ayer. Recuerdo nítidamente el día del año 1970 en el que me presenté en el cuartel de la guardia civil de Gernika para solicitar la prórroga de estudios con el fin de retrasar el cumplimiento del servicio militar hasta terminar mis estudios universitarios. Con gesto hosco un guardia civil me hizo pasar a un pequeño despacho donde apenas había una mesa, dos sillas y un pequeño armario con papeles. Allí estaba sentado un sargento que me "ordenó" que me sentara enfrente suyo y no tardó ni tres segundos en iniciar un sinfín de insultos (asesino, etarra, colaborador de los terroristas, etc.) que he procurado intentar olvidar, pero no lo he conseguido. Me quedé perplejo y asombrado, ya que jamás había sido "atrapado" en ninguna redada gracias a una enorme suerte durante los años anteriores, ni sabía que estuviera fichado por cualquier otra razón.

Después de una perorata que me pareció eterna y sin hablar una sola palabra por mi parte, el sargento me comunicó que estaba fichado y que era conocedor de "todo lo que yo había hecho contra el sistema político los últimos años" y que seguían mis pasos y actos muy de cerca. No recuerdo que me hiciese alusión a un solo acto o hecho en el que yo hubiera participado, porque en ese caso no me hubiera dejado salir de aquel despacho. Sí me dijo que mi prórroga quedaba anulada y que tendría que presentarme para cumplir el servicio militar el siguiente año 1971.

Años más tarde me enteré quién había sido, con una probabilidad del 95%, el que había "soltado mi nombre", pero después de una charla nada amigable con la propia guardia civil. No le guardé ningún rencor e incluso le contraté en una de mis empresas hasta su jubilación, aunque jamás le dije que lo sabía ni él me lo contó. Es realmente curiosa nuestra memoria y nuestro sentimiento que tiende a no olvidar los daños y golpes recibidos y si los actos de personas que nos han ayudado

E.- Necesitamos una memoria crítica

Como nos lo expone Vicente Carrión Arregui, son al menos 240 las víctimas de abusos policiales entre 1978 y 1999 reconocidas por el Gobierno Vasco, que han sido olvidadas en su dolor y ninguneadas por un Estado español reacio a reconocer la torpeza con que en muchos momentos se comportaron las fuerzas policiales en el País Vasco y Navarra. Al igual que en el caso de todas las víctimas franquistas desde 1939 hasta 1975, los vascos sufrimos y fuimos humillados durante todo ese período de tiempo por hablar euskera, por no ser afectos a una forma de pensar o simplemente por ser jóvenes.

Necesitamos la empatía, el recuerdo y la comprensión del sufrimiento padecido por todas las víctimas y por sus allegados de uno u otro color, por mucho que nunca ignoremos ni podamos olvidar las responsabilidades del victimario, fuera de uno u otro color.

Como ejemplo singular nos vale el de Mikel Salegui de 21 años: volvía el 18.12.1974 de una cena navideña con sus compañeros de trabajo cuando se saltaron un control que no vieron y fue acribillado. Su funeral fue una manifestación anti represiva con golpes, detenciones y persecución judicial. Como él, fallecieron al menos 35 personas inocentes en manos de la guardia civil y la policía armada.

Otro ejemplo: Idoia Aierbe tenía 23 años cuando en 1985 fue detenida junto con su novio Mikel Zabalza, un primo (Manolo Bizkai) y otro joven (Jon Arretxe). La Guardia Civil les torturó en plena democracia a los cuatro y a Mikel terminaron matándolo, siendo un simple conductor de autobús afiliado a ELA. Ninguno pertenecía a ETA. A Idoia le torturaron durante diez días en el cuartel de la Guardia Civil de Intxaurrondo. Las torturas destrozan un montón de cosas y generan una inquietud interior, un miedo especial. Empezó a dormir mal y con pesadillas y estrés continuado. Terminó con esclerosis y falleció en 2018 con 56 años.

Cualquier víctima de cualquier violencia pide lo mismo: verdad, justicia y reparación. De la verdad y la reparación se ocupa la Comisión de Valoración para el reconocimiento y valoración de las víctimas de vulneraciones de Derechos humanos realizados por el Estado en el contexto de violencia de motivación política en el País Vasco entre 1960 y 1999. El pasado 26 de junio de 2024 se realizó el primer acto de homenaje institucional a las víctimas y familiares de los 35 casos que ha podido resolver este año, de los 55 abiertos, faltando otros 982 por abrir de los 1017 recibidos hasta el momento entre los 4113 casos de torturas y malos tratos documentados en el País Vasco entre 1960 y 2014.

La conclusión principal de la Comisión es que las fuerzas policiales, en especial la Guardia Civil y la Policía Nacional, torturaron y mataron siguiendo un patrón que repetían, con la intención también de atemorizar a la población del País Vasco. También han detectado un patrón en los juzgados al ignorar sistemáticamente los casos y no incoar diligencias de investigación.

Los 55 casos resueltos, de los que 11 terminaron en muerte:
- 12 estaban relacionados con ETA
- 26 no tenían filiación política alguna, más allá de ser vascos y/o hablar euskera.
- 9 eran militantes de partidos políticos
- 4 eran sindicalistas
- 4 pertenecían a colectivos de cristianos de base

De los 55 casos resueltos
- 11 terminaron en muerte debido a controles de carretera indiscriminados en los que ametrallaban al conductor y/o pasajeros
- 36 sufrieron torturas
- 5 resultaron lesionados
- 2 fueron heridos de bala

-      1 fue herido con una pelota de goma
-      7 eran menores de edad

Reparto de responsabilidades
-      33   Por la Guardia civil
-      16   por la Policía Armada
-      4   por los dos cuerpos
-      1   por grupo incontrolado
-      1   Sin precisar

La zona de Busturialdea y Bakio fue objeto de especial atención por parte de las fuerzas policiales, que protagonizaron actuaciones desproporcionadas que extendieron un clima de miedo y tensión entre la población. Muchas de estas detenciones fueron indiscriminadas. En muchos casos las detenciones se repetían cada cierto tiempo o ante acontecimientos determinados, perpetuando un clima de arbitrariedad y control social mediante el terror y el abuso de autoridad.

Dice Juana Balmaseda, dirigente de la Comisión de Valoración: "Hay un cierto patrón de actuación por las técnicas empleadas y su etimología criminal: la bolsa, la bañera, los golpes, el pato, la rueda, así como, humillaciones constantes, privación sistemática de sueño, clima de terror ambiental, amenazas de extender la acción a familiares y amigos y exposición a gritos de terceros reales o grabados".

Necesitamos una memoria crítica, reflexiva, que no sea un dogma de fe. Pero todos ellos unidos por la convivencia y el respeto a los derechos humanos, que son innegociables. Matar está mal, torturar está mal, extorsionar está mal. Queremos que los guiones reflejen las diferentes formas de ver nuestro pasado y que no incomoden a nadie. Que no sea un relato parcial.

IV.2.- BREVE HISTORIA DE ETA

IV.2.1.- Primer acercamiento

Todos los vascos tenemos la necesidad de conocer la verdadera historia del País Vasco y, por tanto, también del terrorismo de ETA sin distorsiones o argumentos con los que los victimarios pretendieron justificar la violencia. Intento con este ensayo potenciar un acercamiento, una aproximación lo más objetiva posible a esta historia, pero reconozco que, aunque intente ser lo más objetivo posible, nunca podré ser imparcial.

Pero necesito contarlo. Lo escribo para mis nietos y para las generaciones que no conocieron el terrorismo etarra. Si no contamos nuestra experiencia y visión de lo que pasó, se la contarán otros o nadie. Tenemos esa responsabilidad y debemos hacerla de la forma más aséptica posible, sin odio, pero sin olvido. Pero debemos reconocer que ETA y su violencia destrozaron muchas vidas que nada tenían que ver con ellos, pero también otras muchas entre aquellos que creyeron en ellos e incluso les dedicaron su vida.

Hubo épocas en las que sentí rencor, rabia y hasta asco por los etarras, en especial cuando llegaron a chantajearme amenazando con la vida de mis hijas para conseguir dinero. Pero nunca he llegado a odiarles ni a desear su mal ni la de sus familiares.

He decidido, en todo caso, dar mi versión sobre una experiencia vital de una convivencia cercana con una banda que empezó con ideales democráticos y terminó asesinando muchas personas, aunque con una sola hubiera sido demasiado.

Empecé mi relación con ETA arriesgando mi vida haciendo varios viajes en los años 1968-69 llevando a miembros de ETA desde Bilbao hasta la frontera navarra con Francia en un coche ajeno y robado (posiblemente), y la terminé chantajeado y amenazado por otros miembros de la misma ETA muchos años más tarde.

Era en la época franquista y yo era una persona que participó activamente contra su régimen tanto cuando trabajé de peón en una fábrica de Basauri como en mis cuatro años de universitario en Sarriko, aunque tuve la suerte de no caer en ninguna redada.

Fui invitado en varias ocasiones a integrarme en la organización ETA en mi época universitaria, pero siempre tuve la madurez suficiente para no dejarme arrastrar porque, aunque estuviera de acuerdo en la lucha contra el franquismo, nunca lo estuve con sus métodos violentos.

Sería bueno que cada persona de nuestra generación, de la siguiente y de la anterior, se preguntasen: ¿Cuál fue mi actitud en esa época y por qué? Sin juzgar ni señalar, solo hacer una reflexión para que cada uno procesemos nuestra relación con ese pasado vivido y tan sufrido por tantos.

A.- ¿Qué fue ETA?

ETA significa "Euskadi ta askatasuna" : País Vasco y libertad.
ETA fue una organización nacionalista vasca que se proclamaba independentista, abertzale, socialista y revolucionaria y que se transformó en una banda terrorista. Se fundó en 1958 y se disolvió definitivamente en 2018. Utilizaron el asesinato, el secuestro y la extorsión económica para lograr sus fines y sus principales objetivos fueron guardias civiles, policías y militares españoles, pero el 41% de sus víctimas mortales fueron civiles, cuya muerte para ETA se consideraba como "daño colateral".

Su primera acción violenta fue el 18.07.1961, su primer asesinato el 7.06.1968 y el último el 20.10.2010. Anunció el cese definitivo de la lucha armada el 20.10.2011 y anunció su disolución el 3.05.2018.

La primera víctima fue el guardia civil José Antonio Pardines que controlaba el tráfico cerca de Villabona. Txabi Etxebarrieta fue el primer militante de ETA en matar y el primero en morir. Asesinó al agente José Antonio Pardines y horas más tarde la guardia civil acabó con su vida.

ETA tuvo una amplia militancia, una estructura compleja, grandes infraestructuras y abundantes medios económicos, llegando a ingresar hasta 120 millones de euros mediante atracos, secuestros, tráfico de armas, extorsión económica y la recolecta de fondos en "herriko tabernas" y en algunas txosnas (casetas de fiestas populares). También participó en la vida política a través de una red de partidos políticos, sindicatos y asociaciones y, de forma destacada, a través de Herri Batasuna.

B.- ¿Cuál era el objetivo de ETA?

El objetivo político inicial era luchar contra la dictadura franquista y la construcción de un Estado socialista y democrático en Euskal Herría. Su ideario, acordado en la 1ª Asamblea en 1962, se basaba en la independencia de Euskal Herría, la defensa del euskera y de una democracia representativa y se definía como "Movimiento Revolucionario Vasco de Liberación Nacional".

ETA defendió la lucha armada como el medio de conseguir la independencia de Euskal Herría. Por ello asesinaron, hirieron, secuestraron, extorsionaron y amenazaron a políticos, militares, policías, guardias civiles, jueces, empresarios, periodistas, abogados y civiles.

C.- ¿Quién fundó ETA?

ETA surgió de un grupo de jóvenes disidentes del colectivo EKIN (acometer), que procedía de una organización juvenil del PNV, que funcionaba desde 1952. El año 1958 se expulsó del PNV a los dirigentes de EKIN más díscolos y estos jóvenes, cansados de la pasividad y acomodo del PNV frente a la dictadura franquista, fundaron ETA para luchar contra el franquismo, incluyendo el uso de armas.

Cuando Ajuriaguerra volvió del retiro de Lyon a Bilbao en 1953 recuperó el mando de la organización clandestina del PNV con su nombre de guerra (Aspe), pero siempre consideró a los del grupo EKIN como "intelectuales incapaces y miedosos para la acción" y dió al traste con la posibilidad de su incorporación en las juventudes del PNV. EKIN rompió con la disciplina del partido (PNV) en abril de 1958.

Kepa Aulestia en su ensayo "HB, crónica de un delirio" considera que si aquellos jóvenes orientaron su activismo hacia el uso de la violencia fue, en gran medida, porque así subrayaban su reprobación a la pasividad mostrada por el nacionalismo tradicional (PNV) tras la guerra.

Los fundadores de ETA fueron:
- José Luís Álvarez Emparanza "Txillardegi"
- Julen Madariaga
- José Manuel Aguirre
- José María Benito del Valle
- Alfonso Irigoien
- Iñaki Larramendi y
- Rafael Albizu

Usaron el nombre "ETA" por primera vez en una carta dirigida a Jesús María Leizaola, lehendakari en el exilio del PNV el 31.07.59.

D.- ¿Cuáles fueron los atentados más sangrientos?
- 19.06.87: Hipercor de Barcelona: 21 muertos y 45 heridos.
- 15.06.86: Bomba en una plaza de Madrid: 12 agentes muertos
- 11.12.87: Cuartel de guardia civil de Zaragoza: 11 muertos, entre ellos cinco niñas e hirió a 86 personas.

E.- ¿Qué es de ETA en la actualidad?
A finales de 2024 quedaban unos 130 presos en las cárceles y alrededor de otros 20 huidos de la justicia española en el extranjero, la mayoría en Venezuela.

IV.2.2.- ETA desde 1958 hasta 1970

A.- Primeras acciones

El 25.10.1959 explotó una bomba casera en la sede del periódico Alerta de Santander y el mes siguiente hubo explosiones similares en el Gobierno Civil de Vitoria y en la jefatura de Policía de Bilbao. Un informe del consulado de EEUU en Bilbao los identificó como obra de ETA.

Algunos autores consideran como primera víctima de ETA a la niña de 22 meses Begoña Urroz Ibarrola fallecida el 27.06.1960 al explotar una bomba en una consigna de la estación de Amara en San Sebastián. La primera víctima de los enfrentamientos entre el Estado español y ETA fue otra persona: el 26.03.1960 la guardia civil, al organizar una emboscada al dirigente de ETA Madariaga, se equivoca y mata al empresario Javier Batarrita en un cruce de Bolueta. Tres años después fueron juzgados 2 guardias civiles, 6 inspectores y 2 policías armados por este hecho y fueron absueltos. ETA tuvo sus primeros presos en 1960, pero sus filas aumentaban a medida que la represión crecía.

B.- Asambleas de ETA

B.1.- I Asamblea (mayo de 1962)

Se redujo a 7 militantes (4 guipuzcoanos y 3 vizcaínos), de los que 5 estaban exiliados y 2 estaban en Euskadi sur, que se reunieron en el Monasterio Benedictino de Nuestra Señora de Belloc de Urt (Francia).

Su ideario se plasmaba en:
- La independencia del País Vasco de 7 provincias.
- La definición de ETA como Movimiento Revolucionario. Vasco de Liberación Nacional (MRVLN).

- La defensa del euskera como definidor de la identidad nacional.
- La defensa de la aconfesionalidad del Estado.

Sin embargo, tal como nos lo expone el exetarra Mario Onaindia en su ensayo "Guía para orientarse en el laberinto vasco", ha habido grandes transformaciones en su ideario y los modelos de identificación en ETA han sido muchos, entre otros:

- La guerrilla chipiotra o el Irgum judío para Madariaga.
- El vietcong y Trong Chin para Krutwig.
- Che Guevara para los procesados de Burgos.
- Los tupamaros para los polimilis de inicios de los años 70.
- Los sandinistas para la ETA-m de finales de los 70.
- La intifada para los animadores de kale borroka de los 90.
- Y el IRA para quienes declaran la tregua (finales de los 90).

¿Alguno de ellos nos habla de democracia y de participación del pueblo llano en las decisiones del gobierno? Es solo una pregunta.

Sobre el concepto "socialismo" la organización al comienzo se identificaba con los KIBUTZ judíos, luego con la autogestión yugoslava, posteriormente a comienzos de los 70 con el marxismo leninismo para recurrir con posterioridad a ejemplos escandinavos. En toda la época franquista domina la idea se provocar en Euskadi una guerra revolucionaria y, como lo expone Mario Onaindia: "estábamos llamados a despertar la conciencia dormida y reprimida del pueblo vasco para que éste se levantara e hiciera la revolución".

Durante los años 80 el referente sería el comunismo centroamericano de El Salvador y Nicaragua.

B.2.- La II Asamblea (marzo 1963 en Capbreton)

La conforman un grupo de jóvenes tan voluntariosos como incompetentes. Por primera vez asisten 2 mujeres y los responsables de zona llevan pistola. El ideólogo exiliado Federico Krutwig publicó "Vasconia" en 1962, definiendo a ETA como MRVLN (Movimiento Revolucionario Vasco de Liberación Nacional) "creado en la resistencia patriótica e independiente de cualquier otro partido, organización u organismo". En esta asamblea se va concretando el carácter izquierdista de la organización, que se autodefine como socialista. De esta forma se va alejando de la tradición conservadora y católica del PNV, que en 1964 muestra su desvinculación total con ETA.

B.3.- La III Asamblea (abril y mayo 1964 en Bayona)

Ya reflejaba un distanciamiento ideológico de la ortodoxia nacionalista: los líderes encarcelados se declararon contra el nacionalismo burgués y por el antiimperialismo. Se aceptó unánimemente que la labor del PNV era contraria a los intereses de la Liberación Nacional. Se toma la decisión de la lucha armada como la mejor para conseguir los fines propuestos.

B.4.- La IV Asamblea (agosto 65 en Loyola y Aránzazu)

Aparecen tensiones ideológicas que dividirán a los miembros de la organización entre:

- Los que dan preeminencia a los aspectos más nacionales o etnolingüísticas de Txillardegi.
- Los que privilegian la implicación en las luchas obreras, de ideología comunista, cuyo líder es Patxi Iturrioz.
- Los "tercermundistas" o "anticolonialistas" encabezados por José Luís Zalbide, partidarios de vincularse a luchas del tercer mundo.

En esta Asamblea se aprobó definitivamente el uso de la violencia armada como una de las formas de acción habituales de la organización.

El primer atraco a mano armada se lleva a cabo en Vergara el 24.09.1965. Una oleada de detenciones obliga al exilio a buena parte de la dirección de ETA y Patxi Iturrioz se queda de responsable del interior.

B.5.- La V Asamblea: ETA Berri y ETA Zaharra (1966-67)

Primera parte (7.12.1966) (Gaztelu): El objetivo se reduce a lograr la expulsión de los partidarios de Patxi Iturrioz, dando lugar a la primera escisión. Escubi se apoyó en los hermanos Etxebarrieta (Txabi y José Antonio) y este último elabora el informe contra los "españolistas" y "liquidacionistas". Escubi y los Etxebarrieta mantienen formulaciones marxistas en base a los modelos revolucionarios tercermundistas de Vietnam o Cuba. Son mayoritarios en esta asamblea, pero también se convertirán en minoritarios muy pronto. La inmadurez de la organización era patente. Los "obreristas" (llamados "españolistas") se escindieron llamándose "ETA Berri" (que se convertiría pronto en un movimiento político comunista) y los otros dos sectores se quedaron como "ETA Zaharra", que pronto volvería a ser ETA a secas.

Segunda parte (semana santa 1967): Mientras que Escubi hace la figura de líder, duro e implacable, Txabi es el hombre que atrae, que genera simpatías , que se hace querer. Se incide con énfasis en la lucha armada para la liberación de Euskadi y se instaura el marxismo como única teoría política. Se crea un Comité Ejecutivo de Táctica (KET) auténtica cabeza de la organización armada. En abril de 1967 cuatro fundadores de la organización (Txillardegi, José María Aguirre, Benito del Valle y Xabier Imaz) anuncian su retirada de ETA. En ETA Zaharra el sector tercermundista arrinconó y apartó al de Txillardegi, que dejó la organización. En esta Asamblea se crean los cuatro frentes o grupos de trabajo de la organización para los años siguientes: Político, Militar, Económico y Cultural.

Se producen en 1968 las primeras muertes y se declara el estado de excepción en Gipuzkoa produciéndose en el año 1968 la cifra de 434 detenidos, 189 encarcelados, 75 deportados y 38 exiliados.

En abril de 1969 una nueva oleada de detenciones dejó la organización ETA sin capacidad operativa y con su dirección desmantelada.

C.- ETA a finales de los 60

Muchos analistas consideran a José María Escubi Larraz (Bruno) como el único líder indiscutible que tuvo ETA desde finales de 1966 hasta finales de 1969, en una organización donde el valor y el atrevimiento (entendidos "a su manera") eran mucho más importantes que la astucia, la cultura o la capacidad política. El KET (Comité Ejecutivo Táctico) de la organización estaba formado por Escubi, Etxebarrieta, López Adán, Bilbao Barrena y Edur Arregui.

Los atracos a bancos se cumplen con éxito y sin bajas desde la primavera del 67. El prestigio de ETA aumenta y son muchos los seducidos por el activismo armado. En 1968 la represión les diezma, porque las muertes de Pardines, Etxebarrieta y Manzanas desatan todas las cadenas y se dispara la espiral "acción – represión": toda acción genera una represión indiscriminada que suma fuerzas para la siguiente acción. La policía cumplió con dicha espiral al pie de la letra. Así se radicalizaron las posiciones.

El jefe de la brigada social Melitón Manzanas, es asesinado el 2.08.1968, siendo el primer atentado premeditado Era un personaje con un prestigio fétido cuyas operaciones comerciales eran conocidas y se basaban en chanchullos en seguros y chatarras provenientes de desguace de barcos, que compensaba con favores. Tenía la aureola de tipo listo, fanfarrón y sádico con sus víctimas.

El día 6 se declaró el Estado de Excepción en Gipuzcoa y se puso en vigor el Decreto de Bandidaje y Terrorismo. La espiral "acción-represión-acción" fue un descubrimiento, que aplicaron los etarras con mucha eficacia durante toda su existencia, generando una dinámica de inusitada efervescencia, que, ampliando el eco y la importancia real que por aquel entonces tenía ETA, terminó atrayendo a sus filas a numerosos jóvenes ávidos de emociones o necesitados de hacer algo, en este caso lo más extremo.

Estos jóvenes, en su mayoría menores de 20 años, fueron los verdaderos "tontos útiles" que utilizó la organización ETA para cometer sus mayores atrocidades, asumir los mayores riesgos y convertir en verdaderas máquinas de matar a chicos que en otras circunstancias hubieran sido absolutamente normales. Les inculcaron el odio, la rabia, el más absoluto desdén por las vidas ajenas y un desprecio del sentido de la propia existencia y de la de los demás.

¿Qué reflexión debemos hacer cuando la fragilidad de las mentes humanas es tan brutal?

¿Qué valor puede tener la educación que prepare a los jóvenes enseñándoles a reflexionar antes de dar pasos en falso tan graves?

¿Cómo enseñar a utilizar la inteligencia y el pensamiento crítico?

Eso busco en este ensayo: despertar a quienes todavía se dejan conducir como ciegos en un reino de tuertos.

En abril de 1969 dos jóvenes de EGI, juventudes del PNV, mueren al hacerles explosión los artefactos que manipulaban. Nunca como en 1969 se reprimió tan a mansalva. Se encerraba y se encarcelaba a los vascos. Durante el interrogatorio o la tortura no se referían a ETA sino a "los vascos". Y ello no ayudaba a mejorar el ambiente social entre los jóvenes sino que incitaba a la revancha.

El balance policial aproximado de 1969 fue el siguiente:
- Unos 400 etarras pasan por las comisarías.
- Bajas del enemigo 5: Urteaga, Artajo, Fernández, Murueta y Azurmendi.
- Detenidos: 1.953 y Exiliados forzosos: unos 300.

- Del KET el único activo es Escubi.
  Nunca como entonces nació tanto odio y se justificó tanto crimen.
  En diciembre 1969 se fugan 10 etarras de la cárcel de Basauri.

D.- Reacciones

La muerte de los policías Pardines y Manzanas dio a la prensa la oportunidad de demostrar su servilismo e inició una carrera para solicitar sangre y más sangre, venganza y mano dura. En el editorial de El Correo se orinaban sobre los cadáveres de Etxebarrieta, García Lorca y los rojos del mundo entero. A sensu contrario, en diciembre del 1968 hasta 60 sacerdotes se encierran en el seminario de Derio para protestar por la represión de la guardia civil y la policía con las personas que acudieron a los funerales de Etxebarrieta.

Según Kepa Aulestia, fue la muerte de Txabi la que introdujo en las nuevas generaciones el valor de la entrega, de la extrema generosidad, del sacrificio propio, como si de un mensaje evangélico se tratara. En realidad, ha sido esta idea la que ha propiciado que en los últimos 40 años el verdugo (el propio etarra) se vistiese de víctima, la que ha permitido silenciar la memoria de las víctimas convirtiéndolas en objeto de la especulación terrorista, mientras que el terrorista se erigía en el admirable héroe dispuesto siempre a poner su vida en peligro, obligado siempre por "su particular historia" a proceder así.

Y un porcentaje de la población, en especial los familiares y amigos de los jóvenes etarras en una primera fase y otros grupos humanos cada vez más extensos iban aceptando esos criterios a medida que crecía la represión policial contra la población que de una u otra forma llamase la atención de guardias y policías. El ambiente irrespirable se fue extendiendo a más y más capas de la población.

La sensación de división entre una policía cada vez más presente en la calle y la idea popular de victimismo vendido por los más afectos a las movidas etarras también influyó en la generación de otros grupos que, unos por contagio de amigos y conocidos y otros por una sensación de temor al qué dirán, se fueron arrimando hacia la sumisión a ideas proetarras o, como mínimo, antiespañolas.

E.- La VI Asamblea: ETA V y ETA VI (agosto 1970)

Resurgieron tensiones entre un sector "militarista" partidario de priorizar la lucha armada y un sector "obrerista" mayoritario. El sector militarista se negó a aceptar las resoluciones de la V Asamblea creando una escisión que llamarán ETA-V con el lema (Askatasuna ala hil) (libertad o muerte), quedando el sector obrerista como ETA VI con el lema (Iraultza ala hil) (Revolución o muerte).

Sin embargo, ETA-V logró hacerse con el control de la organización y los de ETA-VI se subdividieron, algunos se integraron en grupos comunistas y otros volvieron a ETA-V, denominada de nuevo como simplemente ETA. Escubi exigió la expulsión de Madariaga y de "los milis" de la organización y lo hicieron por 28 síes y una abstención. La asamblea se convirtió en una batalla dialéctica entre el presidente de la asamblea (Pacho Unzueta) y el máximo exponente de la dirección del interior (Escubi). Los asistentes iban encapuchados y Pacho Unzueta fue excluido de la nueva dirección y enviado a "redimirse" a una fábrica de las cercanías de Burdeos. Al terminar la asamblea quedan dos ETAS; los "milis" del exilio y los que asistieron a la VI Asamblea.

F.- El Proceso de Burgos (3.12.1970)

En diciembre de 1970, 16 miembros de ETA fueron juzgados y 6 condenados a muerte. Lo preparó la Capitanía Militar de Burgos y demostró la ceguera e incompetencia de quienes estaban a punto de provocar la reacción de masas más importante contra el Régimen. La sentencia se endureció: 9 penas de muerte, estando 3 procesados condenados a 2 penas de muerte cada uno. Las movilizaciones populares en solidaridad de los encausados y la presión internacional hicieron que las penas de muerte fueran conmutadas, como ya lo habían sido antes con otros dos miembros de ETA.

El 12 de diciembre de 1970 trescientas personalidades de la cultura catalana se encierran en Montserrat. El 14.12.70 se instaura el Estado de Excepción para toda España para seis meses. La repercusión del juicio proporcionó una gran publicidad internacional a ETA y ayudó fuertemente a su reorganización, que padecía una debilidad extrema. Se alimentó también de la ola de simpatía despertada en torno a las movilizaciones para salvar a los condenados a muerte.

IV.2.3.- Años 1971 a 1980

A.- La segunda VI Asamblea: ETA militar y ETA político-militar

La facción que se quedó con el nombre de ETA no reconoció la VI Asamblea anterior y puso en marcha otra en agosto de 1973, celebrándose en dos partes: La primera en la localidad vascofrancesa de Hasparren y la segunda tras el atentado de la calle Correo de Madrid.

En la primera parte resurgen las tensiones entre militaristas y obreristas y los primeros deciden unilateralmente atentar contra Carrero Blanco en diciembre de 1973 y el sector obrerista se separa abandonando ETA. Tras el atentado de la cafetería Rolando (13.9.74) ETA se escinde en ETA militar (ETA-m) y ETA político-militar (ETA-pm), siendo esta última mayoritaria.

B.- Fusilamientos

El 27.09.1975 son fusilados tres miembros del FRAP (Frente Revolucionario Antifascista y patriótico) Baena, Sánchez Bravo y García Sanz y dos de ETA político-militar (Juan Paredes Manot y Angel Otaegui). Estas ejecuciones levantaron una ola de protestas y condenas contra el Gobierno de España, dentro y fuera del país, tanto a nivel oficial como popular.

C.- 1975: Operaciones policiales

Los jefes de policía del franquismo hacían milagros o no ascendían. La condición imprescindible para el éxito estaba en que los detenidos confesaran lo que debían confesar. No existía otro procedimiento que el fácilmente imaginable: la tortura.

A finales de este año hay una operación policial a nivel de toda España y se detiene o mata a un número enorme de etarras. Tuvo dos ayudas inestimables:

- La inexperiencia clandestina de ETA frente a una policía mucho más bregada y
- La labor de un militante (Miguel Lejarza Eguía, alias Lobo, alias Gogor), quien se infiltró en la organización ETA por su experiencia como contrabandista y provocó con su información la detención de más de 150 etarras y el descabezamiento de la banda.

No había semana sin que la policía fortaleciera la dinámica del ojo por ojo y diente por diente, animada en muchos casos por la impunidad desde el propio Estado, donde incluso se crearon "Comandos anti ETA". El año 1975 fueron detenidos en Euskadi 4.625 personas.

D.- La transición española a la democracia

D.1.- ¿Impunidad para el franquismo?

La transición se vivió como una negociación entre las fuerzas democráticas y los sectores aperturistas o reformistas del franquismo que impulsaron el harakiri del régimen.

Tuvo mucho éxito sociológico: en buena medida se defendió la idea de que la reconciliación se podía culminar sin reabrir las heridas. Tras la muerte de Franco, la tensión entre la reconciliación y la convivencia por un lado y la verdad y la justicia por el otro marcó el debate político. Al final se decidió que la reconciliación estaba por encima de la justicia, quedando de esta forma "libres de pecado o perdonados" todos aquellos que durante el franquismo usaron y abusaron de su poder, llegando unos a enriquecerse indebidamente y otros a utilizar el respaldo político y policial para someter, exprimir y robar a quienes perdieron la guerra y para aprovecharse de todo tipo de prebendas en perjuicio de terceros.

Y los políticos, los militares, los jefes de la guardia civil y demás policías y personas cercanas al régimen franquista que usaron su poder para asesinar o abusar de los diletantes, de los diferentes y de todos quienes tenían criterio u opinión, quedaron impunes y libres. Conforme a este criterio, el único responsable de la dictadura de 38 años fue Francisco Franco.

Se optó por cerrar un capítulo cruel de la historia, por olvidar tantos desmanes, injusticias, violaciones, encarcelamientos deshonrosos e incluso los numerosos asesinatos habidos, sin que nadie pidiese ni siquiera perdón. La justicia quedo olvidada en el sótano más oscuro.

Sophie Baby se preguntaba en una entrevista de Ferrán Bono (El País 05.11.23): "¿Por qué hay tanta impunidad con el franquismo en España? Y se respondía: Por muchas razones, pero creo que la derecha española no asumió nunca un discurso de responsabilidad. Se refiere a un pasado de violencia, pero habla de equidistancia para las víctimas y de sufrimiento. Bajo ese paradigma unificador de la violación de los derechos humanos se ha llegado a construir un relato con víctimas, pero sin perpetradores, sin criminales, creando un gran vacío ético. La supuesta reconciliación se resumió en esta frase: "Todos somos víctimas, pasemos a otra cosa".

La Transición española a la democracia no fue modélica, ni ejemplar ni tranquila. Nuestra democracia se cimentó sobre miles de fosas comunes. Se impuso el silencio a toda la sociedad, lo que supuso un acto terrible de complicidad con los victimarios.

ETA fue para muchos la gran disculpa para el olvido de las barbaridades del régimen. Estuvimos tan absortos con ETA y sus muertos que olvidamos a los cientos de miles de muertos por la dictadura y a sus artífices , quienes quedaron felices y satisfechos sin que nadie siquiera les llamara la atención por lo que hicieron. Y SE HUNDIÓ LA MEMORIA COLECTIVA A MEDIDA QUE MURIERON NUESTROS PADRES.

D.2.- La Ley de Amnistía (Ley 46/1977 de 15 de octubre)

Consolidó la idea de que el olvido, aunque sea parcial, era necesario para superar la violencia. Se impuso la idea de "pasar página cuanto antes" como base para la armonía social. El olvido se elevó a actitud generalizada y la absolución abarcó todo tipo de delitos. Pero, tal y como afirma Elie Wiesel, "el silencio estimula al verdugo, no al que sufre".

Llegó la amnistía general de todos los presos de ETA y las cárceles españolas se vaciaron. Sus efectos solo duraron 9 días: un comando de ETA intentó penetrar en la central nuclear de Lemóniz y uno de sus miembros resultó malherido, muriendo días después. Se amnistió a 1.232 miembros de la banda ETA de los que 676 volvieron a actividades terroristas.

D.3.- El precio de la transición

Como bien nos lo expone Joseba Eceolaza, las víctimas de la transición fueron además de las víctimas del franquismo, las de la violencia de ETA y de grupos ultras de los años 70 del siglo pasado, que nunca fueron tenidas en cuenta ni protagonizaron el debate político. Las víctimas siguieron siendo víctimas sin compensación y fueron olvidadas para siempre jamás. La amnistía igualó a víctimas y victimarios y equiparó también a personas que habían cometido graves crímenes con personas que estaban en la cárcel por repartir propaganda.

Ello dejó desprotegidas también a las víctimas del terrorismo: no solo excarceló a personas con delitos de sangre, sino que hizo que se archivaran investigaciones policiales en marcha en torno a atentados gravísimos de ETA, como la de la cafetería Rolando ocurrida en 1974 con 13 personas asesinadas. A los autores materiales dejaron de buscarlos y el entramado de colaboradores quedó en libertad y muchos siguieron matando.

Ningún crimen del franquismo fue juzgado, muchos de los asesinatos cometidos por grupos ultras o funcionarios policiales tampoco fueron investigados y más de 65 asesinatos de ETA quedaron impunes gracias a esta norma.

Se decidió que la reconciliación estaba por encima de la justicia, como si una no fuera parte de la otra. Y Jamás, nunca, las víctimas y sus derechos debieron pasar a un segundo plano, como realmente quedaron olvidadas en el "baúl de los recuerdos".

Y mirando desde este año 2025, con una distancia de 50 años, asombra comprobar que los hijos y nietos de quienes tanto se beneficiaron del franquismo y que fueron amnistiados de todos sus actos, ahora sean quienes se declaren horrorizados de la amnistía de unos pocos catalanes por actos políticos que a nadie perjudicaron.

La respuesta que en 2025 deberíamos tener todos en España a la hora de hablar del pasado reciente del País Vasco y de Cataluña debería igualmente ser más "amable", teniendo en cuenta la amnistía de 1978 con los miles y miles de españoles que usaron y abusaron de su posición en el régimen franquista.

Muchos de los que desde la derecha española en la actualidad se quejan con amargura de la "amnistía" aprobada por el gobierno español y el parlamento contra unos políticos catalanes que simplemente levantaron su voz a destiempo, reclamando unos derechos no tan evidentes, deberían recordar que muchos de sus padres, abuelos y antecesores si disfrutaron de la ¡amnistía absoluta! por todos sus actos en la dictadura. Muchos de entre ellos es muy posible que sigan disfrutando de aquellos antiguos beneficios generados en la dictadura y otros muchos es posible que también de los posibles abusos que generó su cercanía al poder dictatorial.

¡Y ahora aparecen como los más duros críticos de actitudes de amnistía para personas que ni se han beneficiado monetariamente ni han obtenido beneficios políticos!

E.- La transición en ETA

E.1.- La transición democrática: ETA -pm (VII Asamblea)

La VII Asamblea (abril 1976) supuso la ruptura de ETA en dos facciones irreconciliables: los "militares" (COMANDOS BEREZIS) y los "político-militares" de Moreno Bergareche, Pertur, de mentalidad comunista. El secuestro y asesinato del empresario Berazadi (8.04.1976) por los berezis, contra el criterio de Pertur, terminó por deshacer cualquier opción de entendimiento. Dos días más tarde Pertur y Erreka dimitieron de la dirección de ETA.

Pertur se concentró en la tarea de redactar las bases teóricas de un nuevo partido (EIA partido de la revolución vasca), pero el día 23.07.76 desapareció en Francia. Se inició el proceso para reconducir a sus partidarios hacia una actividad política democrática y se constituyeron EIA y EMK, que se juntaron en Euskadiko Ezquerra con el respaldo de la rama política militar de ETA. Los demás se juntaron en KAS (Coordinadora Abertzale Socialista).

En 1982 Mario Onaindía se hizo cabeza indiscutible de EE e iniciaron una larga marcha hacia un partido socialista de Euskadi, equidistante de ETA y el partido comunista. La facción VII Asamblea de ETA-pm aceptó la amnistía del gobierno español (Ley 46/1977 de 15.10) para todos los etarras, incluso quienes tuvieran delitos de sangre, abandonó la violencia y se integró en el partido político Euskadiko Ezkerra que se fusionaría con el PSOE en 1993.

E.2.- La transición democrática: ETA - m

ETA-m boicoteó las elecciones generales de 1977 al mantener que no se habían conseguido las condiciones mínimas para la participación (libertades democráticas y amnistía general), considerando a la nueva democracia como continuación de la dictadura franquista.

No hay peor ciego que el que no quiere ver. Ya en ETA había un grupo de personas poderosas nada dispuestas a cambiar su forma de vida y su prestigio popular como dirigentes defensores de la causa vasca de independencia. Volver al pueblo del que hace unos años salieron para tener que trabajar 8 horas diarias en una fábrica, cobrar una miseria por su falta de cualificación y ser "el último mono" de la cuadrilla no era una opción razonable. Había que realimentar las razones necesarias para seguir "en la lucha".

ETA-m adoptó la conocida "guerra de desgaste" que consistía en asesinar a miembros del ejército y de las fuerzas y cuerpos de seguridad del Estado para presionar al Gobierno y obligarle a aceptar la "Alternativa KAS". Se fue imponiendo la idea vertebral de que la salida política de la situación vasca se impondría a través de la negociación. Pero el fin de ETA-m no era negociarla, sino de que fuera aceptada por el Estado español tal cual. Los "milis o berezis" siguieron su propio camino matando a Javier Ybarra Vergé (20.05.1977) y Jose Mari Portell (28.06.1978) y siendo repudiados por los "polis-milis".

E.3.- Fundación de Herri Batasuna

ETA (m) apoyó la creación de una coalición política HB (Herri Batasuna) controlada de forma mayoritaria consiguiendo expulsar de la misma a los críticos con la organización. En el verano de 1977 se organizó la primera gran marcha: miles de personas en cuatro columnas que recorrieron las tierras vascas confluyeron en Pamplona el 28.08.77. Podría considerarse el primer paso fundacional de HB.

E.4.- Alternativa KAS

El 30.01.1978 ETA (m) actualiza la Alternativa KAS:
1.- Amnistía total.

2.- Legalización de todos los partidos políticos, incluidos los independentistas sin rebajar sus estatutos.

3.- Expulsión de Euskadi de la Guardia Civil, Policía Armada y Cuerpo General de Policía.

4.- Adopción de medidas para mejorar las condiciones de vida y trabajo de las masas populares.

5.- Estatuto de Autonomía con reconocimiento de la soberanía nacional de Euskadi, el euskera como lengua oficial prioritaria en Euskadi y fuerzas de policía creadas por el Gobierno Vasco.

F.- ETA en la democracia

Desde el Proceso de Burgos ETA había jugado en torno a la espiral acción-represión y así siguió: el número de asesinatos de ETA después de las primeras elecciones se multiplicó por cien los cometidos en vida de Franco. Increíble paradoja.

Los teóricos de ETA, esos personajes oscuros de su trama, esos hombres (y quizá también alguna mujer) escribieron con renglones torcidos una visión increíblemente maquiavélica del paisaje real de la Euskadi de la "nueva democracia", esos personajes de pronto se vieron con la mirada turbada ante la "normalización democrática", hasta poco antes exigida y ansiada por ellos mismos, pero que ahora ya estaba reconocida socialmente. Esos teóricos necesitaban justificar sus obras y procedieron a una búsqueda selectiva de hechos o razones que pudieran ser presentados como actos de injusticia contra el pueblo vasco, los manipularon y los mezclaron hasta dar con un todo absoluto.

Así se extrapolaron los límites y déficits que pudiera tener la democracia junto con el preparado del "todo vale", lo uno y su contrario, para avalar la propia existencia. Había que incrementar el bucle de "violencia & represión" sin tener en cuenta el coste real del mismo. La espiral violenta generó detenciones, procesos, encarcelamientos, que debidamente manipulados se convirtieron en nutrientes de la propia espiral. Aunque no todos pensaban igual.

Argala (José Miguel Beñaran Ordeñana) aparecía en los años 1977 y 1978 como la cabeza pensante de ETA y uno de los ideólogos marxista-leninistas de la organización. Según Argala, ETA debía ocupar un lugar de segunda fila y su acción violenta debía servir para acelerar el fin de la dictadura, pero no para organizar un contrapoder, tal como pretendían otros teóricos de la organización.

El 21.12.1978 fue asesinado con una bomba alojada en los bajos de su coche en Anglet (Francia). La espiral violenta nunca ha dejado mucho margen para el pensamiento político.

G.- Los años de plomo en el País Vasco

Entre 1975 y 1980 operaron diversos grupos como Alianza Apostólica Anticomunista (la Triple A), Guerrilleros de Cristo Rey, Antiterrorismo ETA (ATE), Grupos Armados Españoles (GAE) y otros, todos afines a la dictadura franquista.

La violencia de ETA persistió en la democracia y se incrementó con efectos devastadores para la sociedad vasca, dividida por el drama que causaba el terror. En solo el año 1980:

ETA-m asesinó a 84 personas.

ETA-pm asesinó a 7 personas.

Los Comandos Autónomos Anticapitalistas (escisión de ETA) a 4.

Los GRAPO a 6

TOTAL 101.

A ello hay que sumar 13 secuestros.

La máxima actividad de ETA fue en la democracia y mucho menor antes de la muerte de Franco. ETA asesinó a 43 personas hasta la muerte de Franco y después más de 800.

Segunda mitad de los 70 y la década de los 80: Modelo delirante de país, gestionado a base de amenazar, cobrar (el impuesto revolucionario) y/o matar. Todo ello en una sociedad agarrotada por el miedo y aterrorizada por la difusión, pública o privada, pero constante, de informaciones que hablaban sobre las familias extorsionadas. Miedo que se amplificaba al correr de boca en boca, con fabulaciones, con exageraciones, con rumores. Y los políticos y sus familias, siempre con escolta, iban por la calle a toda velocidad, porque nunca paseaban ni podían disfrutar de caminar por la calle. Quien más, quien menos estaba amenazado de muerte.

Incluso los jóvenes y menos jóvenes aprendimos a conocer la mirada de quienes se sentían "los amos de la fiesta" y te decían con la mirada "Quiero y puedo matarte". Jóvenes con chulería y agresividad mafiosa porque sabían que infundían miedo. Y lejos de esconderse, te retaban con esa sonrisa macabra del que se cree por encima y, además, querían que entendieras el mensaje.

IV.2.4.- Años 1981 a 1990

A.- Incremento del terrorismo y sigue la guerra sucia

Los atentados de ETA aumentaron en número e intensidad destacando el secuestro y asesinato del ingeniero José María Ryan, ingeniero de la central nuclear de Lemóniz en 1981.

El primer atentado con coche bomba en Madrid en 1985 con una persona muerta y 16 heridos. En julio 1986 otra bomba mata a 12 guardias civiles e hiere a otros 50. El 19 de julio de 1987 el atentado de Hipercor en Barcelona mata a 21 personas e hiere a 45. Pocos meses más tarde atentan en un cuartel de Zaragoza matando 11 personas (cinco de ellos niños), etc.

Tras la victoria socialista de 1982 surgen los "Grupos Antiterroristas de Liberación" (GAL). Desde 1983 a 1987 llevaron a cabo sus acciones terroristas de "guerra sucia" contra ETA, atribuyéndoseles el asesinato de 27 personas. Estos atentados y secuestros fueron perpetrados en su mayoría por mercenarios franceses contratados por policías españoles, financiados con fondos reservados y organizados desde el propio Ministerio del Interior, a través de responsables de la lucha antiterrorista del País Vasco.

Ejemplos de ello son el secuestro en 1983 de Segundo Marey, al que confundieron con un dirigente de ETA, el secuestro y asesinato de Lasa y Zabala en 1987, etc.

Fueron juzgados y condenados a 10 años de cárcel en julio de 1998 José Barrionuevo (antiguo ministro del interior), Rafael Vera (secretario del Estado de seguridad) y otros. Ingresaron en la cárcel en septiembre 1998 y tres meses después fueron excarcelados por un indulto parcial del Gobierno presidido por José María Aznar. Felipe González nunca ha sido judicialmente acusado por estos hechos sucedidos bajo su mandato.

B.- Coordinadora Gesto por la Paz

Se funda en 1986 y comienza a convocar manifestaciones silenciosas contra ETA. Fue conocida por la defensa de la paz y su oposición a ETA, También fue independiente de los partidos políticos y una de las formas de respuesta organizada contra ETA.

C.- Asesinato de Yoyes (María Dolores González Katarain)

El 10 de septiembre de 1986 ETA asesina en Ordicia a la antigua dirigente de la organización, que había dejado la lucha armada y se había reinsertado en la sociedad, acusándola de "desertora".

D.- Pactos entre partidos

La reacción política ante la intensificación de los atentados de ETA son los diversos intentos de pacto para acabar de forma dialogada:

1.- Pacto de Madrid de 5.11.1987: Declaración conjunta de todos los partidos políticos denunciando la falta de legitimidad de ETA para expresar la voluntad del Pueblo Vasco emplazándola a dejar las armas.

2.- Pacto o Mesa de Ajuria Enea de 12.01.1988: Fue el momento culminante de unión entre los demócratas nacionalistas y no nacionalistas (salvo HB) frente a los violentos y los primeros años de andadura de esta mesa de partidos que pretendía impulsar en su integridad el Estatuto de Gernika e intensificar las relaciones entre Euskadi y Navarra.

3.- Conversaciones de Argel: En 1987 un texto interno de ETA describía los distintos pasos de un proceso negociador como si la organización terrorista estuviera a punto de lograr un armisticio. Txomin Iturbe Abásolo, número uno de ETA, iba a tomar parte, pero murió en accidente de tráfico en Argelia dos días antes de iniciarse. Se abrieron las negociaciones de Argel, pero, como siempre, se impuso la inercia de quienes solo necesitaban hablar de tregua como instrumento táctico y para ganar tiempo.

4.- Pacto de Navarra (07.10.1988): No fue firmado ni por PNV ni por EA, ya que reafirmaba que solo la voluntad del pueblo navarro podía orientar el presente y el futuro de Navarra.

E.- Año 1990

Eran tiempos de la "kale borroka", de los autobuses quemados, de los coches bomba, de los asesinatos como forma de cotidianidad, de las dianas pintadas en los muros, de los "escoltas" por las calles, de las manifestaciones donde se gritaba "ETA mátalos", tiempos de terror y miedo, un mundo lleno de oscuridad.

Una Euskadi en la que el terrorismo lo impregnaba todo y no se podía hablar libremente en los bares ni ir a determinados lugares, un mundo donde ciertos ciudadanos se sentían poderosos porque tenían detrás el apoyo de los violentos. Miradas acusadoras en la calle, insultos, amenazas directas, etc. Acciones intimidatorias de diversa intensidad.

La mayoría de la población estaba callada.

Unos pocos amenazados.

Muchos, muchísimos cobardes, que se inclinaban ante la Ley del más fuerte, que durante muchos años en Euskadi lo representaban los chicos de ETA y sus simpatizantes: legiones de cobardes, callados, con miradas huidizas, pero siempre dispuestos a espiar, a decir "algo habrá hecho", a justificar siempre las acciones de ETA, a criticar al PNV y los partidos españolistas, a votar siempre a HB y a asistir a todas sus manifas y a creer sus opiniones sin necesidad de motivación. Muchos o demasiados son los que en el año 2025 siguen influidos por ese clima.

El amenazado, por su parte, no compartía su situación, la ocultaba. Ni en casa se hablaba de ello hasta que no hubiera más remedio. Aprendió a convivir con la amenaza y con el odio.

IV.2.5.- Años 1991 al 2000

A.- Cambios en ETA

En 1992 ETA sustituyó la Alternativa KAS por la que denominó "Alternativa Democrática" a la que se adhirió Herri Batasuna. En ella ETA sostenía que debía negociar con el Estado la aceptación del derecho de autodeterminación y del ámbito territorial vasco, potenciando su presencia en los medios de comunicación. El Gobierno de España rechazó las exigencias de ETA. Se empezó a atentar contra periodistas, representantes de partidos políticos y la Ertzaintza. Se extorsionaba a los empresarios convirtiéndolos en víctimas de la acción terrorista y se quemaba batzokis y casas del pueblo.

El Comité Ejecutivo de ETA era quien decidía la estrategia de ETA desde la caída de la anterior cúpula en Bidart (1992) y quien ordenaba los asesinatos. Los cinco miembros del Comité Ejecutivo de ETA que planeó y ordenó el asesinato de Gregorio Ordóñez, teniente de alcalde de San Sebastián y máximo responsable del PP en Gipuzkoa iban a ser juzgados 30 años más tarde (febrero 2025) por el asesinato cometido en 1994. El juicio no se llevó a cabo por estar prescrito el delito.

El Comité lo componían:
>José Javier Arizcuren, Kantauri
>Ignacio Gracia, Iñaki de Rentería
>Miguel Albisu, Mikel Antza
>Julián Achurra, Pototo y
>Juan Luís Aguirre, Isuntza

Los ejecutores del asesinato (comando Donosti) fueron:
>Valentín Lasarte, condenado en 1996
>Javier García, condenado en 2006 y
>Juan Ramón Carasatorre, condenado en 2011

B.- Ponencia Oldartzen: Socialización del sufrimiento

Supuso la culminación del proceso Berrikuntza (renovación) de 1991. El fracaso de las negociaciones de Argel, el estancamiento electoral de HB, los problemas de reclutamiento de ETA, el aislamiento político por el Pacto de Ajuria Enea y la caída de la cúpula de ETA en Bidart en 1992 influyeron decisivamente para que la izquierda abertzale (entonces llamada Herri Batasuna) decidiese pasar a la ofensiva.

Los cambios en la estrategia del movimiento político-militar se plasmaron en reforzar la cúpula dirigente KAS y extender sus tentáculos de control sobre la base del movimiento creando de forma deliberada una serie de grupos de kale borroka como medio de aligerar las labores de ETA y de socializar la violencia hasta el último rincón de Euskal Herría.

Para 1995 la izquierda abertzale había decidido resolver sus contradicciones con la ponencia Oldartzen, un cambio de estrategia consistente en la socialización del dolor y del sufrimiento, tanto desde ETA como desde la izquierda abertzale.

ETA incrementó en 1997 la táctica de "socialización de la violencia" realizando acciones de gran impacto mediático y crueldad, mientras el gobierno se esforzaba por intentar una negociación con ETA.

El 30.06.97 fue liberado Cosme Delclaux, que llevaba secuestrado 232 días y ese mismo día fue liberado por la guardia civil José Antonio Lara Ortega después de 532 días de secuestro.

El 10.07.1997 secuestraron a Miguel Ángel Blanco, concejal del PP de Ermua y lo asesinaron al de dos días, provocando multitudinarias manifestaciones de solidaridad.

65 profesores, 326 periodistas, 206 jueces y más de 10.000 empresarios fueron amenazados por ETA. El momento culminante fue en 1999 con el veto de HB a El País, El Mundo y ABC con el cartel "Perros con micrófono y pluma".

El terrorismo utilizaba los asesinatos, secuestros y explosiones para intimidar y crear una sensación de miedo, lo que conducía a las víctimas al silencio, la sumisión, el pago del chantaje o la huida.

C.- Encuestas y Movimientos de protesta contra ETA

Con el secuestro del padre de Julio Iglesias los pacifistas lograron que la sociedad vasca se movilizara a mediados de 1993. HB temió perder la calle y tras el secuestro de Aldaia en mayo de 1995 (liberado después de 341 días en abril 1996) decenas de militantes de HB se presentaban frente a las concentraciones pacifistas insultando y amenazando, provocando que tuviera que estar la Ertzaintza. Pero a largo plazo la frustración ciudadana provocada por HB se volvió en su contra.

Tras el asesinato de Gregorio Ordoñez en 1995 hubo resistencia hasta en las propias filas de HB. Patxi Zabaleta y la concejala María Carmen Garmendia de San Sebastián protestaron contra el asesinato, algo insólito hasta entonces. El secuestro y asesinato en 1997 de Miguel Ángel Blanco provocó una reacción social de huelga general absoluta y manifestaciones multitudinarias.

Encuesta de octubre de 1997 sobre los problemas más importantes que había en Euskadi:

	A	B
La violencia y el terrorismo	24%	66%
Conflicto político de Euskadi	33%	7%
Los problemas políticos	13%	5%
El paro	79%	79%

A.- Votantes de HB
B.- Total de encuestados

D.- Plan Ardanza (17.03.1998), pactos y conversaciones

José Antonio Ardanza presentó un plan proponiendo un diálogo "sin condiciones previas y sin límites de resultados" y exclusivamente entre partidos, previa ausencia de la violencia de ETA y una vez que hubiera constancia inequívoca de que ETA quisiera abandonar la violencia. No fue apoyado por el PSOE y PP.

El 12.09.1998, tres días después del anuncio oficial de una tregua por ETA, se firmó en Estella entre el PNV, HB, EA, Esker Batua-Berdeak, Lab y organizaciones menores. En él se trataba de proyectar el proceso de paz de Irlanda del Norte para el caso del País Vasco, buscando una resolución política del conflicto. El 16.09.98 ETA declaraba una "tregua indefinida y sin condiciones" que entraría en vigor en dos días.

Ese mismo mes de septiembre 1998 se iniciaron los contactos entre el gobierno del PP y el entorno etarra, representado por Arnaldo Otegui y otros dirigentes de HB. El PP mostró señales de buena voluntad acercando a 135 presos etarras a cárceles próximas a Euskadi.

Las conversaciones no tuvieron éxito y se contabilizaron 390 acciones de terrorismo callejero durante 1999. Un sector del PP, encabezado por Jaime Mayor Oreja receló de la tregua considerándola como una estrategia de ETA para reorganizarse y rearmarse, denominándola "tregua-trampa".

En agosto de 1999 ETA propuso a PNV y EA actualizar el compromiso adquirido mediante la celebración de unas elecciones a nivel de todo Euskal Herría para elegir un parlamento para el nuevo Estado. Esta propuesta fue rechazada. El 28.11.99 ETA anunció la ruptura de la tregua que se hizo efectiva el 3.12.99 y el 30.04.2000 ETA reconoció en el periódico GARA que había sido una "tregua-trampa".

E.- ETA sigue su propio rumbo

José Antonio Iruretagoyena, concejal del PP en Zarauz, fue asesinado el 09.01.1998 por ETA. Tenía esposa y dos hijos, el mayor, Mikel, de 4 años.

Declaración de su hijo Mikel el 09.01.2023, 25 Aniversacio del asesinato de su padre: "Kaixo aita! Han pasado ya 25 años desde que el grupo terrorista ETA te robó la vida y también una parte de la nuestra. Llevo 25 años intentando tener un recuerdo tuyo, un gesto, pero no recuerdo nada. No sabes el dolor que eso me produce. Desde que tú te fuiste nuestra madre se hizo cargo de nosotros. No ha tenido una vida fácil, pero siempre ha sacado fuerzas de donde no había, incluso tras la pérdida de sus padres y tras ganar la batalla al cáncer en dos ocasiones. Tampoco puedo dejar de pensar en cuántos momentos juntos nos han robado".

Declaración del alcalde de Zarauz (PNV): "Iruretagoyena nunca debió ser asesinado, nunca debió ocurrir este atentado, ni ningún otro. No hay justificación. Fue radicalmente injusto. Ni una causa política, ni ninguna otra certeza deben situarse por encima del valor de los derechos humanos, la persona y la vida"-

El 20.12.99 la policía interceptó cerca de Calatayud una furgoneta cargada con 950 kilos de explosivos y dos días más tarde encontró abandonada en Alhama de Aragón, cerca de Calatayud otra furgoneta con otros 730 kilogramos de explosivos. ETA pretendía llevarlos a Madrid y hacerlas estallar. Estas dos furgonetas fueron llamadas "la caravana de la muerte".

IV.6.- Siglo XXI

A.- Más asesinatos de ETA

El 22.02.2000 ETA mató al dirigente socialista Fernando Buesa y a su escolta, el ertzaina Jorge Díez y terminó el año 2000 con la vida de 23 personas, incluyendo entre sus víctimas a jueces y periodistas.

El 21.11.2000 asesinó a Ernest Lluch, exministro de sanidad de Felipe González, hecho de mucho impacto por ser una persona muy proclive al diálogo entre el gobierno español y ETA.

B.- Política antiterrorista del gobierno de Aznar

Las elecciones generales del 12.03.2000 dieron la mayoría absoluta al Partido Popular de José María Aznar y entre sus actuaciones contra ETA destacaron:

- Pacto antiterrorista entre PP y PSOE del 12.12.2000.
- Reforma de la Ley de Partidos para ilegalizar a HB y EH.
- Aumento de penas a 24 dirigentes de movimientos izquierdistas y su inclusión en las listas internacionales de terroristas.
- Procesos judiciales contra el denominado "entorno de ETA".
- Cierre del periódico EGIN y radios de empresas vinculadas.
- Cierre del periódico Egunkaria (rectificado en 2006).
- Política de dispersión de presos etarras.
- Cumplimiento íntegro de penas de etarras (doctrina Parot).
- No concesión del tercer grado penitenciario a etarras.
- Actos de "kale borroka" enjuiciados en la Audiencia de Madrid.
- Impulso a la actuación judicial (135 detenidos en 2001).
- Indulto y excarcelación a responsables de la "guerra sucia".

C.- Medidas internacionales contra el terrorismo

A partir del 11.09.2001 el Consejo de Seguridad de la ONU, el Consejo de Europa y muchos países miembros, así como organismos internacionales como la UE tomaron nota para endurecer las medidas de lucha antiterrorista, especialmente en cuanto a su financiación se refiere.

El 26.02.2002 el gobierno de EEUU emitió una orden incluyendo a ETA en su lista de organizaciones terroristas, así como a Gestoras Pro Amnistía, Batasuna, Ekin, KAS, Euskal Herritarrok y algunas más.

D.- Tregua en Cataluña

En enero de 2004 en el ABC apareció que el "conseller en cap" de la Generalidad de Cataluña Josep-Lluís Carod-Rovira se había reunido en un lugar del sur de Francia con dirigentes de ETA y que había ultimado un pacto a cambio de que Esquerra Republicana proclamara una declaración independista en favor del derecho de la auto determinación de los pueblos. El 18 de febrero de 2004 ETA anunciaba una tregua únicamente para el territorio de Cataluña con el "deseo de unir los lazos entre el pueblo vasco y el catalán".

E.- La gran redada en Francia

El 4.10.2004 la policía francesa lanzó una operación contra el aparato logístico de ETA con 20 detenciones. Ente ellos estaban los dos máximos responsables de la banda Mikel Albizu Uriarte (Mikel Antza) y su compañera sentimental Soledad Iparaguirre (Amboto), interviniéndose mucha información y la imprenta utilizada por la banda.

F.- Propuestas y Acuerdos fallidos

F.1.- La propuesta de Anoeta

El 14.11.2004 BATASUNA organizó un acto político multitudinario en el velódromo de Anoeta. En ella su portavoz Arnaldo Otegi presentó una propuesta para la "superación del conflicto", que, según él, también sería asumida por ETA. En la propuesta se apostaba por la paz y por la utilización de vías exclusivamente políticas y democráticas para resolver el conflicto vasco. Esta propuesta se basaba en dos mesas de diálogo: la primera entre el gobierno español y ETA para tratar el cese de la actividad terrorista y la segunda entre todos los partidos políticos, pero al margen del parlamento vasco. Unas bombas de ETA bastaron para que todos se olvidasen de la propuesta de Otegui.

F.2.- Los acuerdos de Loyola

El 22.03.2006 ETA anunció un alto el fuego permanente a partir del 24.03.06 con la intención de impulsar un proceso que culminase con un nuevo marco político. El 29.06.2006 José Luís Rodríguez Zapatero, entonces presidente del Gobierno, informó del inicio del diálogo con ETA tras el alto el fuego.

Comienzan las conversaciones, pero ese verano aparecen diferencias irreconciliables que se comunicaron al público el 18.08.2006. Ambas partes se comprometieron a dar un giro invitando al PNV a participar en dichos contactos. Entre septiembre y noviembre hubo 11 reuniones en Loyola que elaboró un acuerdo basado en:

- Reconocimiento de la identidad del pueblo vasco (EH).
- Respeto de Estado a las decisiones democráticas.
  Reconocimiento del euskera como lengua oficial de Euskadi y Navarra.
- Creación de un órgano interinstitucional de Euskadi y Navarra.

- Instar la creación de una eurorregión vasca en la UE.
- Establecer un calendario de trabajo.
- El acuerdo-marco se depositaría en el Vaticano.

Finalmente, el acuerdo se rompió culpándose mutuamente los intervinientes.

G.- Vuelta al terror

El 30.09 2006 una bomba mata a dos ecuatorianos en Barajas.

El 3.12.2008 ETA asesina al empresario Ignacio Uría Mendizábal.

El 19.06.2009 ETA asesina al policía Eduardo Puelles.

El 16.03.2010 ETA asesina un gendarme francés.

H.- Alto el fuego de 2010

El 05.09 2010 ETA anunció por medio de la BBC un "alto el fuego", solicitando la necesaria voluntad negociadora del Gobierno español para acordar los mínimos democráticos.

El 10.01.2011 ETA declaró que el alto el fuego declarado en septiembre de 2010 sería permanente, general y verificable por observadores internacionales.

I.- Caso Yosu Urrutikoetxea: Un caso típico en ETA

En fecha reciente Jordi Évole entrevistó a Josu Ternera y el periodista Oscar Belategui redactó un artículo sobre dicha entrevista. Los resumo para hacernos una idea de la lucha vista desde ETA

I.1.- Historial

1.- Entró en ETA en 1967, a los 17 años y permaneció en ella hasta su disolución, en 2018. Josu Ternera empuñó su primera arma, una pistola, en 1968 con 18 años y dice que solo la usó para defenderse.

2.- Como miembro de su rama militar en 1973 robó los explosivos que se utilizaron en el atentado de Carrero Blanco.

3.- En 1980 entró en la dirección de ETA, aunque niega la existencia de un liderazgo personal en ETA

4.- De 1984 a 1989, fecha de su detención en Francia, fue jefe del aparato internacional de ETA.

5.- De 1989 a 2000 estuvo en la cárcel.

6.- En 2001 fue elegido parlamentario vasco por Euskal Herritarrok hasta 2002, año en el que huyó de España, acusado de ordenar el atentado contra la casa cuartel de Zaragoza en 1987.

7.- En 2005 reapareció en Ginebra y Oslo como representante de ETA en la negociación con el Gobierno Zapatero. Partidario de finalizar el terrorismo, en 2006 se retiró por la radicalidad de la dirección etarra que terminó por romper el diálogo.

8.- Desde 2006 permaneció escondido en Francia y Oslo y reapareció en 2018 para anunciar la disolución de ETA, a petición de la nueva dirección.

9.- En 2019 fue detenido en Francia y desde 2021 está en libertad vigilada.

10.- Sigue pendiente de extradición a España.

I.2.- Pensamiento

1.- Sentido de su vida: "Sería monstruoso pensar que mi vida (en ETA) no tuviera sentido". Durante 50 años he participado en las luchas del pueblo vasco. Sería monstruoso decir que no ha tenido sentido".

2.- Sobre los atentados: Afirma que la violencia no era un objetivo en sí mismo, sino un instrumento para obtener objetivos políticos Los atentados son "acciones" y las matanzas son consecuencia de la lucha de liberación de Euskal Herria, objeto de represión desde el franquismo: el eterno conflicto vasco.

3.- La responsabilidad de las muertes: Considera que la responsabilidad de muchas muertes no fue de ETA sino de la propia policía ya que, por ejemplo, en el atentado de Zaragoza (11 muertos, entre ellos 5 niños), afirma que "ya se les avisó". Considera que la matanza de Hipercor con 21 muertos (4 menores) fue un error de la organización, aunque la culpa la tuvo el Estado que no protegió a sus ciudadanos, porque hubo dos llamadas previas advirtiendo de la colocación de la bomba.

4.- Se jacta de haber contribuido a traer la paz tras participar en las conversaciones con Jesús Eguiguren.

5.- Filosofía: "El conflicto nos ha hecho olvidarnos del aspecto ético". Esa espiral de violencia nos ha llevado a ser insensibles al sufrimiento de los demás". Asegura que nunca se la alegrado de ningún atentado.

6.- Sobre el asesinato de YOYES, la organización pensó que era necesario cortar esa especie de cáncer".

Cada cual puede sacar sus conclusiones.

J.- Cese definitivo de la actividad armada
El 20.10.2011 ETA anunció el cese definitivo de su actividad armada. ETA anunció tener un compromiso claro, firme y definitivo de superar la confrontación armada.

El 17.03.2017 ETA anunció su desarme definitivo de manera unilateral y sin condiciones y el 8.04.17 intermediarios civiles dieron las pistas de ocho zulos con armas y explosivos.

El 3.05.2018 se da a conocer el comunicado final de ETA de disolución de la banda.

V.- PARA INTENTAR ENTENDER EL MUNDO ETARRA

V.1.- EL MUNDO ETARRA

1.- La lucha vista por ETA

¿Se planteaban filosóficamente los miembros de ETA el sentido de su lucha?

¿Eran plenamente conscientes del daño que causaban en otras personas y familias con sus actos?

¿Cómo explicaban o justificaban sus líderes intelectuales o militares las barbaridades que llevaban a cabo?

Se pueden plantear mil y una preguntas sobre el sentido racional de la supuesta revolución etarra, siempre en busca de la misma respuesta, el bien o beneficio del pueblo vasco, pero los laberintos creados entre las preguntas y la respuesta se han hecho tan complejos que, desde una perspectiva del tercer decenio del siglo XXI, es muy difícil encontrar una respuesta con sentido.

La respuesta o razón que se les expuso a sus jóvenes afiliados para convencerlos de la bondad de su organización y de sus salvajes métodos pudo haber ido en la siguiente línea:

"Las bombas y los asesinatos directos son necesarios para defender los derechos de nuestro pueblo y se las ponemos al enemigo, a los mismos que torturan en las cárceles de exterminio del Estado a nuestros compañeros y amigos, firmes defensores de nuestra tierra, de nuestro idioma y de nuestra idiosincrasia. Matamos porque nos matan. Las guerras son así. A mí tampoco me gustan las guerras, pero qué quieres. ¿Que sigan machacando al pueblo vasco por los siglos de los siglos? La lucha justa de un pueblo es por su legítima aspiración a decidir su destino".

¿En qué se basaba este razonamiento?¿Basta con esta explicación? ¿Son los jóvenes vascos tan crédulos o existen otros motivos?

¿Conocen o les explican la historia de Euskal Herria para poder reconocer esos supuestos derechos históricos?

¿No debemos preguntarnos por las razones reales de quienes dirigieron estos 60 años con miles de muertos y muchísimas más víctimas reales?¿Quiénes se han beneficiado?

Mi criterio y el de toda mente racional es que nadie se benefició de tanta crueldad, tanta muerte, tanto dolor y tanto odio y los perjudicados fuimos todo el PAÍS VASCO, NAVARRA y ESPAÑA en su conjunto, con mayor o menos intensidad.

Sin embargo, todavía tenemos en nuestro país muchas, demasiadas personas que consideran que la lucha etarra no fue terrorista, que lucharon por el pueblo de Euskadi, al que no aportaron sino daño, dolor y muerte. Hay que mirar de frente a la verdad de los hechos. Tengamos en cuenta la frase de Jesús:

"POR LOS HECHOS LOS CONOCERÉIS"

Juzguemos los hechos y no las palabras, valoremos los hechos y no las palabras. Pero vuelvo a preguntar:

¿Quiénes fueron los líderes intelectuales? ¿Quiénes los que desde detrás de la cortina movían los hilos de los títeres que ejercían de tontos útiles?

¿Quiénes los que aún siguen justificando la singladura etarra y el ensalzamiento de quienes asesinaron a tantas y tantas personas que de nada eran responsables? ¿Quiénes los que pretendieron obtener algún beneficio y cuál era el beneficio que esperaban conseguir?

No basta con decir que fueron derrotados y que, al perder "su guerra", nunca obtuvieron beneficio alguno para ellos luchando como lucharon y exponiendo como expusieron sus propias vidas por EL PUEBLO VASCO. Todo este ensayo es una reflexión permanente para comprender la sinrazón de estos largos, larguísimos y crueles 60 años de ETA y las respuestas hay que ir buscándolas a lo largo de todas y cada una de sus páginas.

¿Qué pasó para que quienes luchaban contra una dictadura cruel como la franquista siguieran empuñando las armas en democracia cuando eran libres de escoger a sus representantes? ¿Cuáles fueron las razones que lo justificaron?

¿Por qué los muertos generados por ETA en democracia fueron más de 800 y no llegaron a 45 los de la época de la dictadura?

¿Quiénes se beneficiaron con ello? (pregunta eterna)

¿Por qué ETA se convirtió en 1975 en una mafia asesina que tanto daño causó, como podremos comprobar, a nuestro pueblo?

¿Quiénes son los que en el año 2025 no se han hecho estas preguntas o, más bien, no han querido enfrentarse a la realidad de los hechos pasados sin tergiversarlos o manipularlos para intentar aparentar otra vez que luchaban y siguen luchando por el Pueblo Vasco con la lengua, con la palabra, pero sin definir lo que realmente quieren conseguir?

¿Siguen defendiendo los dirigentes de EH Bildu ese mismo Estado Democrático Popular, que decía defender ETA, tan parecido a la Cuba y la Venezuela actuales? ¿Ese del que tan buenos defensores son algunos dirigentes de la ejecutiva abertzale?

Vamos a reflexionar sobre estas preguntas e intentar acercarnos a un entendimiento más razonable de lo sucedido en nuestra tierra.

2.- Los intelectuales de ETA

Como ya he expuesto con anterioridad, ETA se fundó por unos cuantos universitarios de los años 50 del siglo pasado disconformes fundamentalmente con el régimen franquista dictatorial y con un PNV demasiado pasivo ante la situación socio política en el País Vasco español. Ellos fueron los primeros autores intelectuales de ETA y, como suele suceder con frecuencia, otros vinieron por detrás que se apoyaron en sus razonamientos para convertir un partido radical de izquierdas en una organización terrorista.

Gregorio Morán nos dice en su ensayo "Los españoles que dejaron de serlo": "Federico Krutwig aparece en este momento y es considerado como la "inteligencia", el pozo del saber, con la fama alcanzada con su libro "Vasconia" (1962). Aunque en el aspecto ideológico es de una simplicidad muy semejante a los manuales soviéticos de marxismo leninismo, su ensayo fue aceptado por una generación como un documento importante. En 1967 ya se había convertido en cazador de marxistas emboscados y denunciador de infiltrados leninistas desde su tranquila residencia italiana".

Nacido en Getxo el 15.05.23 de padre alemán y madre vasca muy pronto se convirtió en el ideólogo de ETA. Aprendió euskera de forma autodidacta, así como más de diez idiomas diferentes. A los 22 años fue nombrado académico de Euskaltzaindia y en 1952 pronunció un discurso de rechazo al ingreso de Luís Villasante, añadiendo "destruir en la escuela la lengua materna es destruir inteligencias, crear disminuidos para la vida y abatir una nación". Cuando su alegato fue traducido fue procesado por propaganda ilegal e insulto a las autoridades, pero Krutwig ya había huido a París evitando los 20 años de cárcel que pedía el fiscal.

En 1960 retornó a Biarritz y con formación europeísta puso patas arriba mitos y referencias del nacionalismo vasco siendo tremendamente crítico con los exiliados y, sobre todo, no le tembló la pluma con Juan Ajuriaguerra por su supuesta mediocridad.

El libro que marcaría su trayectoria vital fue "VASCONIA, estudio dialéctico de una nacionalidad" firmado con el nombre "Fernando Sarrailh de Ihartza". Cuando se supo su identidad real Francia le expulsó a Bélgica. Sus críticas hacia ETA habían sido frontales hasta entonces, pero desde entonces formó parte de la organización en la que se integraría hasta la muerte de Carrero Blanco. Abordó en el libro cinco elementos que pronto formarían parte de la estrategia de ETA:

- El anticlericalismo.
- El antiimperialismo.
- La responsabilidad directa del PNV en la desidia nacional.
- El euskera como eje de su proyecto nacional.
- La lucha armada como vehículo para la liberación nacional.

Madrid enfocó el libro como si se tratara de la fuente ideológica de ETA. El dirigente de ETA José Manuel Pagoaga (Peixoto) recordaba en una entrevista que en la formación ideológica de los militantes de ETA se les ofrecía la lectura de dos libros: "Vasconia" y "Los condenados de la tierra" de Franz Fanon.

En la segunda parte de la V Asamblea el "informe verde" de Krutwig y su propuesta organizativa marcarían el futuro de ETA con sus cuatro frentes clásicos: político, económico, cultural y militar.

Después redactó dos nuevos trabajos: "La cuestión vasca" y "Nacionalismo Revolucionario", éste último sobre los ejes ideológicos de la Revolución cubana, de gran impacto interno en ETA. En 1975 abandonó ETA y en 1984 llegó a señalar que ETA se estaba convirtiendo en "una banda de gangsters cuya política bordea el fascismo".

Los intelectuales posteriores siempre, si realmente los ha habido, se han ocultado y siguen ocultos.

3.- La mafia y la dirección de ETA

Los inspiradores intelectuales, quienes dictaban las órdenes y señalaban a las víctimas, han sido tan responsables como los víctimarios directos e incluso mucho más, según mi criterio. No existe organización que funcione sin dirección y sin criterio y que dure tantos años como lo hizo ETA.

¿Quiénes fueron los jefes y líderes intelectuales de ETA? ¿Quiénes los responsables que definían los objetivos y las acciones que debían ser realizadas por los jóvenes?

¿Quiénes los que adoctrinaban y los que, desde la sombra, definían las estrategias a medio y largo plazo?

¿Quiénes eran los que tenían una vida de profesor, profesional libre o incluso empresario o simple trabajador de una empresa, una ONG o una entidad pública mientras decidían el próximo atentado que dañase realmente al enemigo, el próximo asesinato de un empresario, un profesional o un juez por el simple hecho de serlo o el siguiente secuestro que sirviese de ejemplo?

¿Quiénes esos cobardes y tramposos que estaban siempre detrás de la cortina o muy lejos de la verdadera batalla, mientras sus "mandados", sus "tontos útiles", jóvenes siempre manipulados y convencidos con mentiras o falsas razones se arriesgaban y se jugaban su vida?

¿Conoce usted a alguno que haya reconocido sus errores o sus aciertos?

Bastante más cierto es que en la organización se encumbraron seres deleznables que en aquel comercio alcanzaron sus minutos o sus épocas de gloria al saborear la humillación del que veían como "rico o explotador" a su merced y el placer sublime de ejercer el poder en su máxima expresión: decidir sobre la vida y la hacienda de los demás.

¿Cómo se repartían los millones de euros que llegaban y que nadie podía controlar, salvo quizás dos o tres "expertos" cuyo nombre solo otros dos o tres conocían?

¿Cómo estaba montada la mafia etarra?

¿Es cierto que los doce generales que aparecen en esta lista fueron realmente los inspiradores intelectuales o simplemente unos ejecutores de más o menos nivel en la organización?

¿Quiénes decidieron matar a YOYES como traidora?

¿Acaso traicionó a Euskal Herría?

¿Acaso sabía demasiado?

¿Y dónde estaba esa Euskal Herria democrática que decían defender?

Según estudios, los 12 generales de ETA más reconocidos han sido:

nombre	circunstancias	Cárcel
Domingo Iturbe Abásolo "Txomin"	Muerto en Argelia en accidente en 1987	
Santiago Arróspide "Santi Potros"	Inductor masacre Hipercor	1988-2018
Eugenio Etxebeste "Antxon"	Negociador deportado a Rep.Dominic.	Libre
Franc. Mújica Garmendia "Pakito"	Mandó matar a Yoyes (según la policía)	1992-2020
Julián Atxurra Egurrola "Pototo"	Secuestro de Iglesias y Ortega Lara	En prisión
JA Urrutikoetxea "Josu ternera"	Matanza del cuartel de Zaragoza	En Francia
José Javier Zabaleta "Bakio"	Atentados contra las FSE	1990-2018
J,Gracia Arregui "Iñaki de Rentería	Responsable del aparato militar	Investigado
Josetxo Arizkuran Ruiz "Kantauri"	En prisión en Francia	
Mikel Albizu "Mikel Antza"	Una década al frente de la banda	En prision
Soledad Iparaguirre "Anboto"	En la cúpula con Antza	En prisión
FJ García Gazteu "Txapote"	Jefe del comando Donosti	En prisión

Pero sigo convencido de que los verdaderos "autores y ejecutores intelectuales", quienes dictaban las órdenes y señalaban a las víctimas, quienes tomaban la decisión de seguir matando, quienes mandaban a los "tontos útiles" a arriesgar sus vidas por unas utopías que sabían imposibles, siguen fuera de las cárceles y disfrutando de unas vidas de las que pueden considerarse a sí mismos hasta merecedores.

¡A esos acuso!

¡A esos solamente considero verdaderos culpables de las atrocidades sufridas por este pueblo!

¿Llegaremos algún día a comprender con honestidad que siempre son muy pocas las personas capaces de generar tanto sufrimiento?

Miremos a Gaza y Ucrania ¿Cuántos son los verdaderos responsables? Quizás solo Putin y Netanyahu.

Querido lector: ¡Piénsalo!

4.- Miembros de ETA

Se calcula que pasaron de 10.000 jóvenes, en su mayoría absoluta chicos, los que se integraron puntual, esporádica o temporalmente en la organización ETA. En los primeros años del siglo XXI se calculan unos 500 militantes activos. A los militantes y simpatizantes la organización ETA clasificaba así:

1.- Liberados legales: miembros no fichados por la policía que compaginaban el trabajo habitual con una existencia aparentemente corriente con actividades de la banda.

2.- Liberados simples: refugiados de la banda en Francia y que se dedicaban a la lucha armada a tiempo completo.

3.- Quemados: los que quedaban libres después de ser detenidos.

4.- Refugiados políticos: exmilitantes trasladados a países de América Latina.

5.- Laguntzaile: colaboradores para tareas logísticas, de apoyo y auxilio en caso de cualquier necesidad, de huida, de información o de correo.

En mis años de estudiante en la época franquista fui, pues, un "laguntzaile" que colaboró activamente durante un tiempo en tareas de apoyo y auxilio de jóvenes etarras que a finales de los años 60 del siglo pasado luchaban contra la dictadura franquista. Ayudé, pero, como ya lo he explicado, también simpaticé con sus objetivos en aquella época, pero nunca pasé de ese nivel ya que sus métodos violentos nunca los aprobé.

La organización ETA educaba a sus miembros desde el primer día como elementos necesarios, pero sobre todo como miembros que debían obedecer y seguir las directrices de sus jefes y actuar conforme a unos criterios bien definidos y nunca discutibles. En unas circunstancias de "guerra permanente" contra el franquismo, es decir, contra el Estado español, la organización ETA modificó el significado normal de algunas palabras en relación con los hechos, para que sus miembros, la mayoría de bajo nivel, es decir, los ejecutores, se ajustaran en su forma de actuar a lo que se esperaba de ellos:

- Quienes actuaban de forma temeraria y atolondrada pasaron a ser ensalzados por ser más leales al partido que otros.

- Quien se mostraba prudente pasaba a ser considerado cobarde.

- Quien pedía moderación se veía acusado de ser poco hombre.

- A quien apostaba por la inteligencia le achacaban incapacidad para la acción.

- Quien se dejaba llevar por la ira era el que se creía digno de confianza, y el que no, sospechoso.

- A quien se adelantaba a intrigar, a hacer el mal, o empujar a otro a hacerlo, era al que se respetaba, etc.

Como podemos comprobar, lo importante, lo más valorado por los "reclutadores" no era la inteligencia, la astucia, la habilidad o la capacidad en cualquier actividad, sino simplemente la entrega ciega, lo que explica que se prefiriera siempre reclutar a chicos muy jóvenes, a quienes todavía fueran fáciles de influir por su poca capacidad de crítica, es decir, a "tontos útiles", que una vez enrolados en las vías del sistema terrorista, ya no podían apartarse de ellas.

Yo también fui invitado varias veces, pero tuve la suerte de haber tenido varios años de excelente formación filosófica y de que las tentaciones fueran cuando ya había cumplido los 22 años. Muchos chavales poco más jóvenes que yo de Gernika y de todo Euskadi y Navarra se dejaron seducir y se alistaron en ETA.

¿Por qué y cómo fue aquello? La realidad es que quienes se convirtieron en ejecutores de actos horrorosos eran vascos que entraron casi siempre de forma inconsciente o no razonada en una maquinaria de matar.

¿Cuál era su actitud o responsabilidad?

Desde el primer día se les inculcaba una evasión absoluta de la responsabilidad. Cumplían órdenes , sabían dónde estaban y que hacían algo inhumano, pero se les inculcaba una especie de coraza ideológica que les hacía pensar que era justo lo que hacían, que a quienes mataban se lo merecían. Lógicamente, pese a esa inhumanidad, ahora piden humanidad y derechos para ellos, ahora guardan silencio una vez acabado el terrorismo, porque aún hay 300 casos no resueltos y bastantes de entre los antiguos "tontos útiles" todavía tienen responsabilidades de las que no han respondido o información que nunca se atreverán a compartir.

Y debemos ofrecerlos lo que ellos nunca aportaron: comprensión, compasión, apoyo y aceptación.

5.- La utopía que todo lo justifica

Como nos lo expone Fernando Arámburu en su novela "Patria", ETA planteaba a sus nuevos afiliados un paisaje paradisíaco con el socialismo y la independencia, los siete territorios unidos y sin clases sociales, donde hasta la hierba, cuando tu juegas, habla euskera.

Para ello solo hacía falta con cumplir unos "detalles" como echar a la guardia civil, incorporar a Navarra e imponer el socialismo utópico en el que todos seríamos felices, esto lo entiende cualquiera. Pero también requería un paso previo: había que golpear con fuerza a policías, guardias civiles o ertzainas, lo que se pusiera por delante, hasta que el Estado se sentara a negociar y aceptase nuestras condiciones.

Como también nos lo explica Jon Sistiaga en su obra "Purgatorio", muchos vascos no distinguían habitualmente entre los verbos "morir" y "matar", aunque se les explicase que la posibilidad de morir siempre era una coartada ética para poder matar, que había una trampa semántica en defender siempre al que asesina por la espalda, con la excusa de que arriesgaba su vida por hacerlo. Morir por la Causa era también asesinar por ella.

Y aquellos que no mostrasen públicamente una empatía con los "jóvenes y simpáticos chavales etarras capaces de defender nuestro país y nuestra lengua con su vida" eran muchas veces señalados y observados con miradas agresivas por quienes si aparentaban o decían ser simpatizantes de la izquierda abertzale y de ETA.

Y a los no empáticos muchos de sus amigos les acusaban de traidores, irresponsables o colaboracionistas por no pensar como ellos, porque eran incapaces de entender que, tras el asesinato de un taxista, un camarero o un quiosquero, la reflexión a aceptar era "algo habrá hecho", como si hacer algo fuera tan grave que mereciera la pena de muerte. Esa indiferencia ante el dolor y la muerte, esa ausencia de humanidad se extendió por la sociedad y se convirtió en dominante en ciertos ámbitos.

Y muchos de quienes no estábamos de acuerdo con esa forma de ver y vivir éramos señalados y sufríamos como si tuviéramos una marca indeleble.

Este pueblo vasco "se cobardizó", se hizo mucho más cobarde porque el miedo reinaba en la calle, en los "txokos" y en los bares y había conversaciones que bajaban de tono si alguien se acercaba y otras que se elevaban para demostrar "las simpatías con la causa".

Recuerdo cómo al salir de un bar de Gernika, cuando yo dirigía un pequeño despacho profesional, un joven gernikés levantó la voz a mi paso y señalándome con el dedo se expresó en voz alta ante su grupo de amigos en unos términos como éstos "a ti también te vamos a buscar un día…", o algo muy similar. Esa persona sigue viviendo en Gernika y aparentando ser respetable e intelectual, cuando la marea es otra.

Ello hizo posible el crimen, legitimado por la "lucha armada", incluso aunque consistiera tantas veces en disparar contra gente descuidada y desarmada y en poner bombas sin tener en cuenta sus posibles consecuencias. Confundían el valor con la falta de escrúpulos para asesinar, con el desprecio a la vida de los demás, con la crueldad. Y muchos llegaron a creer que eran enemigos todos aquellos que no aceptasen su forma de pensar y actuar. Pero fueron eficaces, aunque fuera de forma miserable y deleznable ya que se basaron en el terror y el miedo. Y ahí estuvo su fuerza.

6.- Pedir perdón y autocrítica

Las preguntas que nos hacemos pueden ser de este orden:

¿Cuántos de los que se equivocaron tomando las armas y matando personas inocentes se han arrepentido y pedido perdón? ¿Tienen acaso vergüenza o creen realmente que acertaron con su decisión de alistamiento?

¿Cuántos de quienes apoyaron en plena democracia a los chicos de ETA han sido capaces de reconocer sus errores?

¿Cuántos vascos conocéis que reconozcan simplemente haberse equivocado con actos o actitudes no compatibles con la democracia?

¿Cuándo en las manifestaciones se reclama libertad para los presos etarras alguien recuerda sus actos o sus asesinatos si los hubo?

¿Cuántos de los manifestantes actuales en defensa de los presos etarras son capaces de reconocer que todos cometemos errores y que ellos antes y aún ahora pueden seguir cometiéndolos?

Y podemos seguir haciéndonos más y más preguntas sin apenas respuesta alguna. Como nos lo expone Manuel Montero en su artículo "Pretensión de inocencia": "Sus reivindicaciones sobre los presos omiten cualquier autocrítica o alusión a las razones por las que fueron condenados. Nunca se ha visto a sus seguidores asumir ninguna responsabilidad en el desencadenamiento y desarrollo del terror, no hablemos de la petición de disculpas. Jamás se les ha oído una actitud crítica con la violencia política, por lo que se deduce que nunca se han arrepentido de nada: no por los asesinatos, las extorsiones, las amenazas, los secuestros, los "robos revolucionarios", las pintadas, las listas negras…por nada.

¿A quien temen ahora? ¿Por qué no utilizan o no se atreven a utilizar su pensamiento crítico para aprender de sus errores?

¿No hay ninguno entre todos ellos capaz de reflexionar y de enfrentarse al mundo en el que se metió quizás por error?

Incluso llegan a sugerir, equiparando al asesino y a la víctima, una equidistancia y se pretenden inocentes. Y hay quienes entre ellos menosprecian a las víctimas y sus quejas, por ser molestas en esta nueva sociedad sin ETA,

No solo no hay arrepentimiento, sino que quieren construir el futuro sobre esta pretensión de inocencia y muchos aún siguen enalteciendo a quienes sembraron el terror, a los que van homenajeando.

Como también lo expone Fernando Arámburu en su novela "Patria". "Pedir perdón exige más valentía que disparar un arma, que accionar una bomba, eso lo hace cualquiera, basta con ser joven, crédulo y tener la sangre caliente, hace falta tener huevos para reparar sinceramente."

Pedir perdón es mucho más complejo, porque supone aceptar el error de toda una vida o de buena parte de ella y separarse de "los amigos de siempre".

José María Calleja en su ensayo "La diáspora vasca" nos expone: "Las víctimas del terrorismo el 28.12.98 presentaron un manifiesto que, entre otras cosas, decía lo siguiente: Es imposible reconciliarse con quien no pide perdón ni tan siquiera reconoce el daño causado. Sin el abandono definitivo de la violencia y el terrorismo, sin reconocimiento del daño causado y sin atención a las víctimas es imposible la reconciliación. A partir de estos tres supuestos, será cada víctima la que decidirá si quiere llevar a efecto esta reconciliación. No queremos también ser víctimas de la paz."

Y añade: "En el secuestro de Javier Rupérez Rubio (UCD) estuvo implicado Arnaldo Otegi, entonces militante de ETA-pm. Otegi no ha dado la menor señal de arrepentimiento, no ha perdido perdón al secuestrado y cuando se le interpela se limita a decir que se siente orgulloso de haber militado en una organización antifascista. Un compañero de ETA lo calificó como "duro entre los duros". Ello y haber pasado por la cárcel le aportan un currículo".

Pero es difícil admitir que se equivocaron, porque implica reconocer que todo se sustentó, incluso toda su vida, sobre una gran mentira.

7.- Sobre la utilidad de los atentados para ETA

7.1.- Para ETA hasta 2011

Como bien nos lo comenta José María Calleja en su ensayo "La diáspora vasca. "Todos los actos terroristas existen para ser contados, existen porque son contados. Si los medios de comunicación no nos hiciéramos eco, los terroristas no habrían cumplido su misión fundamental: asesinar a uno para atemorizar a diez mil, secuestrar a uno para meter el miedo en el cuerpo a diez mil, extorsionar a uno para amedrentar a diez mil.

El terrorismo es, ante todo, publicidad. Utiliza la palabra como un arma más. Los asesinatos, los secuestros, las bombas, las extorsiones, todas ellas sirven para un fin fundamental y han tenido una enorme utilidad, han servido para eliminar a los enemigos, para aterrorizar a los discrepantes y para permitir a los criminales ocupar un terreno en la sociedad que, de otra forma, sin violencia, nunca hubieran tenido".

Pero tanto ETA como los atentados perdieron sentido para quienes lo ejercieron con devoción y saña con un cierre fracasado, sin épica, sin lograr ninguna de las causas por las que dijeron que mataban. Fue así el final de la violencia. Fue un final agónico y tardío para una organización que asesinó sin descanso ni justificación.

7.2.- Para quienes les apoyaron y EH Bildu

Se recurre de forma abusiva a la idea superior de la convivencia o la reconciliación, y se extiende la sensación ficticia de la superación. En nuestro tiempo el riesgo de la desmemoria se basa en contar las cosas como no fueron, es decir, tergiversarlas, que es una estrategia más sofisticada que la mentira.

Así, la supuesta existencia de dos bandos igualmente responsables y mortíferos, un conflicto milenario cuya consecuencia inevitable fue la violencia o una larga dictadura a la que solo el asesinato podía derrocar han construido el andamiaje argumental que usan quienes mataron o ayudaron a matar en nombre de ETA.

7.3.- Para el pueblo vasco y las víctimas, que lo somos todos

El dolor de las víctimas continúa presente en sus vidas y en las nuestras. El dolor se puede heredar. Y nos preguntamos:

¿Pero han servido para mejorar la situación del pueblo vasco?
¿Han ayudado a la clase trabajadora a mejorar su calidad de vida, a ganar más, a ser mejor tratada, a ser mejor considerada?

¿Estaba el país vasco en 2011, al fin de los asesinatos y demás acciones de ETA mejor que el año 1968 gracias a la maravillosa labor realizada por los etarras y después de los 852 asesinatos que se les imputan? ¿Qué ha aportado a nuestra tierra de positivo ETA?

Esta es la única pregunta que debemos hacernos todos y cada uno de los vascos que mirando hacia atrás no vemos sino sombras, dolor, angustia, sufrimiento y muerte

¿Dónde están quienes reconocen que se equivocaron? No parece tan difícil ese reconocimiento, pero lo es, resulta mucho más duro que matar por la espalda a un empresario, secuestrar a personas inocentes, asesinar a Yoyes o ensalzar a quienes actuaron de esta forma durante tantos años.

¿Por qué nos hemos convertido en un pueblo tan cobarde?

V.2.- ETA Y EL PUEBLO

8.- El pueblo y los vecinos

Parece muy difícil entender que ETA fuera el grupo terrorista más duradero y el que más muertes generó, ya sea directa o indirectamente, en el mundo occidental.

Ello solo fue posible gracias a dos factores fundamentales:

1.- La dictadura franquista: debemos tener muy en cuenta que hasta el año 1975 vivimos en un Estado dictatorial y totalmente irrespetuoso con la idiosincrasia vasca y las libertades democráticas. Personalmente viví 30 años de mi vida bajo la dictadura franquista y, como ya he explicado con anterioridad, con una guardia civil y una policía que eran consideradas por el 90% de la población vasca como "fuerza de ocupación".

La iglesia y los empresarios de cierto nivel compartían en su generalidad de las ventajas del "ordeno y mando" y de tener un pueblo subyugado y sometido. ETA nació en esas circunstancias como respuesta de unos jóvenes contra la dominación que casi todos considerábamos extranjera por habernos ganado la guerra y por imponernos un idioma único en la escuela y prohibir el uso del euskera.

¿Cuántos guardias civiles y cuántos policías eran vascos? ¿El 1% quizás? Y lógicamente, esos pocos vascos tenían la forma de pensar y de actuar que el 99% de los restantes defensores de la dictadura española.

Y estaban los rencores almacenados de la guerra civil, que nunca desaparecerían hasta que sus protagonistas lo hicieran y que también sus hijos seguimos teniendo muy presentes gracias a la permanente presencia en la calle, las escuelas y en todos los lados de nuestra tierra de quienes la ganaron y nunca buscaron el acuerdo y el entendimiento sino precisamente el abuso cotidiano generado por esta situación.

2.- El respaldo popular: el pueblo fue muy sensible a lo anteriormente expuesto y los "chavales etarras" pronto se convirtieron en "héroes" y "defensores de Euskadi" ante la mirada de la mayoría de la ciudadanía vasca y pronto también en "mártires" de la causa vasca.

La dinámica de la represión cada vez más dura del Estado español y el crecimiento de muertes de jóvenes vascos hizo incrementar la empatía con ellos en el pueblo llano, ya que los muertos "del otro lado" eran, además, parte de las "fuerzas de ocupación".

¿Qué mejor manera que utilizar los asesinatos, secuestros y explosiones para intimidar y crear una sensación de miedo que conducía a las víctimas al silencio, la sumisión o la huida, a los nuevos reclutas a dar sus primeros pasos de heroísmo reconocido y al pueblo a servir de base de reclutamiento y de apoyo a la organización?

¿Y qué mejor manera para que el pueblo llano aceptase la violencia de ETA como respuesta natural y justificada que el hecho mismo de la violencia del Estado ocupante que mataba y torturaba a los jóvenes vascos?

Y ETA consiguió que el pueblo vasco en su conjunto se sintiera amedrentado y que los únicos que se atrevieran a levantar la voz fuesen quienes defendían sola y exclusivamente sus tesis, de forma que el mismo ambiente callejero y el de un número alto de bares se convirtiera en "afecto a ETA, a sus presos y a sus intereses" y, por tanto, caldo de cultivo para nuevas captaciones.

Manuel Montero nos lo explica muy bien en el artículo "Historia del silencio en el País Vasco" aparecido en El Correo en diciembre de 2023:"Durante la transición una espesa capa de silencio anegó el País Vasco y pervivió durante décadas, desgarrando la democracia y las convicciones éticas sobre si cabe admitir el asesinato. La respuesta, también silenciosa, admitía la condena de muerte por sentencia arbitraria del asesino".

No hablar, callar, mirar hacia otro lado, no responder si a alguien se le escapa una crítica, hablar de fútbol o de otra cosa cualquiera. El silencio adquirió muchas formas y ninguna fue inocente.

Las causas del silencio fueron muchas:
- El miedo.
- La difusión de una moral inhumana.
- El "ande yo caliente y ríase la gente".
- Una sociedad dividida en amigos y enemigos.
- La cuadrilla que te acoge mientras callas, etc.

La presión social de la izquierda abertzale impuso como máximo pecado social el del "txibato", que era la peor acusación posible y podía llegar a equivaler a una sentencia de muerte, asegurando siempre el aislamiento social. Y el efecto más dañoso del silencio consistió en la normalización de la amenaza en una sociedad amordazada por los matones, una sociedad que tenía que tomar precauciones para no irritarles a aquellos que, ejerciendo la tiranía ideológica del miedo, además, se sentían héroes, la representación auténtica de la sociedad vasca.

Hoy, abril de 2025 ya no hay silencio, pero no pasan de susurros las voces que reclaman condenar aquel horror y todavía quedan quienes aspiran a que los asesinos sean considerados héroes. Es una herencia de los viejos tiempos.

En el País Vasco había un rechazo claro a colaborar, nadie veía nada, los testigos no sabían nada, nadie aportaba información. La capacidad de ETA de intimidación social fue brutal. Entre los múltiples motivos que dificultaron el esclarecimiento de los asesinatos hay uno especialmente doloroso: el miedo. No hubo colaboración ciudadana en atentados a plena luz del día.

La amenaza de ETA era muy explícita. La banda acusó de confidentes y asesinó solo por la sospecha a "decenas de personas", que en la mayoría de los casos no lo eran, pero sus asesinatos cumplían la función de crear un clima de intimidación colectiva.

Conforme a diversas encuestas realizadas, como nos lo expone JR Garaitagoitia en su artículo "Generar confianza en la política", el respaldo social a ETA en el País Vasco y Navarra varió enormemente a lo largo del tiempo:

	Época			
	1990 a 2010	Nvbre 2005	Mayo 2009	
A	Entre 0,5% y 1%	Un 0,4%	1%	
B	Encima del 60%	Más del 60%	64%	
C	Resto población			
D		Un 17%	13%	
E		Un 12%	10%	
F		Un 3%	3%	

A.- Apoyo total a la actividad de ETA
B.- Rechazo pleno e incondicional
C.- O no contestaba o manifestaba posiciones intermedias como:
D.- Justificaba la violencia pasada hasta 1975, pero no la actual
E.- Compartía sus fines, pero no sus métodos violentos
F.- Justificaba parcialmente la acción de ETA

José María Calleja se preguntaba sobre el por qué se ha mantenido ETA tanto tiempo y se respondía así: "En primer lugar, por el miedo inmenso que aventaba de forma continua entre la mayoría de la gente. En segundo lugar, por la flota de gente que, gracias a un inmenso lavado de cerebro, se ha pasado la vida aplaudiendo sus crímenes. Contaban con una hinchada que seguía alelada aquel derroche de activismo impune y sin fin, que aplaudía tanta eficacia, tanta rapidez y que sabía valorar esa bondad suprema, ese gesto cómplice para la galería de perdonar la vida al secuestrado cuando mira que se la podían haber quitado. Los criminales eran vistos por demasiada gente como héroes cargados de razón, años en los que estaba mal visto en la sociedad vasca ser empresario, ganar dinero, tener un coche más o menos caro o disfrutar de una vivienda singular".

Como también lo expone Jon Sistiaga en su obra "Purgatorio", "durante muchos años en Euskadi había que medir las palabras, saber con quién se estaba hablando, bajar la voz en los bares. Era la Euskadi del silencio. La Euskadi verde y luminosa se había convertido en un lugar oscuro de personas que se mataban y se odiaban".

Gente cagada de miedo que no reacciona para librarse de los matones. Nuestra generación será recordada no sólo por los actos odiosos de ciertas personas sino también por los clamorosos silencios de muchas otras. Mucha gente acudiría a la siguiente manifestación a favor de ETA, sabiendo que convenía dejarse ver en la manada: era el tributo que se pagaba para vivir con tranquilidad en el país de los callados

Manuel Montero en su artículo "Pretensión de inocencia" nos recuerda que en los años de terror:
- 1.- El "algo habrá hecho" se convirtió en estandarte de la estigmatización de las víctimas, ya que equivalía a llamarles culpables.
- 2.- El "ETA mátalos" generó listas negras y señalamientos de objetivos.
- 3.- Los de derechas: se les consideró culpables por su opinión.
- 4.- Los de UCD: los asesinaron por ser de centro y culpables.
- 5.- Los que no pagaban la extorsión: eran españolistas.
- 6.- Los socialistas y del PP: eran asesinados por serlo, etc.

Fernando Arámburu nos recuerda en su novela "Patria": "En esta tierra nuestra, país de mentirosos y cobardes, la verdad murió hace mucho tiempo, en un país como éste lo mejor es callar. Los vecinos, indiferentes o resignados, tal vez deseosos de evitar discordias con la familia de un miembro de ETA, se tragaron las protestas, porque en una ciudad pase, pero en el pueblo, donde todos nos conocemos, no puedes tener trato con un señalado".

Sara Hidalgo, en su artículo "Rumores que matan" nos define el ambiente vasco: "Es tan viejo como la humanidad: surge el rumor y comienzan las habladurías, los sentimientos escondidos empiezan a emerger, la desconfianza hacia la persona o colectivo sobre el que se proyecta el rumor se extiende y la mancha se extiende como el aceite. El daño está hecho. Ya saben "difama que algo queda". Y aunque los rumores no tengan ninguna base, se puede llegar al asesinato. Esta es la fuerza emocional de los rumores".

ETA ha usado la táctica de los rumores para matar y justificar el asesinato. Así le ocurrió a José Luís Barrios Capetillo, afiliado socialista de Santurce, acusado de tráfico de drogas y asesinado en 1988. Tras el asesinato todo ello fue desmentido por las autoridades policiales. Primero hubo quienes dejaron de saludarle. El miedo había prendido en una parte de la población.

Eso le pasó también a Luís Domínguez, el enterrador de Vergara. Y se justificaba con las palabras "algo habrá hecho" y así quedaba limpia la conciencia personal y colectiva.

Los pasos habituales casi siempre eran los mismos:

1.- El rumor y la difamación.

2.- Expandir la desconfianza y el miedo.

3.- Apretar el gatillo era la culminación".

9.- La imagen opresora del Estado español

Ya he comentado con anterioridad el trato habitual de los guardias civiles y policías con el pueblo en general, que sigue aún en el año 2025 siendo distante y con cierta agresividad latente.

Como nos lo explica Jon Sistiaga en su novela "Purgatorio", muchas veces: "La brutalidad de las comisarías y cuarteles fortalecía la decisión de ingresar en la banda, ya que provocaban respuestas reflejas de venganza. Jóvenes cegados por el odio que querían compensar su humillación. Desde ETA se intentaba siempre generar la sensación, que nos la creímos, de que nuestra violencia estaba más justificada que la de ellos, porque era de respuesta. Nuestra violencia era virtuosa, era buena y necesaria en una guerra de buenos y malos.

Durante muchos años, las fuerzas policiales tendieron a identificar como potencial sospechoso a cualquier joven que fuera a una manifestación, merodeara cerca de un edificio oficial o tomara unos zuritos en unas determinadas zonas de bares denominadas "zona comanche". Llevar zapatillas deportivas o tener los dos apellidos vascos era en controles rutinarios como una declaración de culpabilidad y un billete de ida a la comisaría para contrastar datos y fichar".

Incluso Amnistía Internacional, sin dejar de condenar las acciones de ETA, también mostró duras críticas a la política antiterrorista del Gobierno español y en particular al régimen de incomunicación que posibilitaba la tortura y el maltrato que, aunque no de forma sistemática, incluso llegó a ocasionar la muerte de varios maltratados.

El Tribunal Europeo de Derechos Humanos condenó hasta ocho veces al Estado español por falta de investigación de torturas y excesos con presos, tanto en la época franquista como en la democrática. Sirve de ejemplo: en febrero de 2018 el Tribunal Europeo de Derechos Humanos condenó a España por considerar el "tratamiento inhumano y degradante" que sufrieron Igor Portu y Martín Sarasola durante su detención en 2008 por el atentado de la T4. La Organización de las Naciones Unidas envió en varias ocasiones a Theo van Bonen y Martín

133

Scheinin en función de relatores contra la tortura y solicitaron en varias ocasiones la derogación del régimen de incomunicación de los detenidos. También alertaron sobre la tendencia del sistema judicial español a calificar de "terrorismo" delitos que no lo eran.

¿Sólo el pueblo debe cambiar de actitud con la policía para conseguir que se convierta a su vez en la defensora del propio pueblo?

¿Puede en un país como el nuestro que tanto ha sufrido desde junio de 1937, fecha en la que perdimos la guerra ante el dictador Franco, aceptar y soportar que los cuarteles de policías y guardias civiles sigan siendo zonas ajenas a nuestra idiosincrasia y alejadas del pueblo por considerarse ajenas al mismo?

¿No saben reconocer los actuales políticos dominantes en Madrid que aún persiste no solo la sensación de opresión de una fuerza extranjera, sino incluso la plena realidad de ella en Euskal Herría?

¿No ven acaso los cuarteles rodeados de murallas a los que nadie del pueblo se acerca salvo para, siempre con la cabeza baja, solicitar permisos para actividades determinadas como la caza?

¿No quieren reconocer que siguen equivocándose y alimentando el desagrado de la mayoría y la sensación de ser diferentes y, en definitiva, de no ser del pueblo vasco?

¿Por qué no quieren comprender que siguen mostrando desconfianza en el pueblo vasco y que, por tanto, siguen incrementando la rabia y los malos recuerdos de muchos?

Hace falta un absoluto cambio en la mirada desde Madrid a Euskal Herria si quieren que pronto o tarde nosotros también podamos mirar a

Madrid con orgullo y satisfacción y no con el rencor del ofendido u oprimido. Si desde Madrid no abren las puertas de sus corazones, si no quieren entender que tenemos exactamente la misma dignidad que ellos y que pueden y deben confiar en nosotros, lo van a tener muy difícil y las diferencias y desconfianzas mutuas pueden crecer o, al menos, mantenerse.

Muchos vascos, muchísimos, por no decir la inmensa mayoría nos sentimos cada vez más cómodos cuando vamos de vacaciones a España y a cada una de sus comunidades españolas y compartimos nuestra buena voluntad y nuestro saber hacer con sus gentes y viceversa. Nuestros pueblos se aceptan mucho mejor que hace treinta años cuando todavía había muchas zonas de España donde nos pinchaban las ruedas simplemente por tener matrículas de nuestra tierra. Ahora nos sentimos en toda España como en nuestra casa y no encontramos lugar donde los vascos seamos acogidos con desconfianza ni rencor.

De la misma manera, en Euskal Herria nos alegramos de que los madrileños, los andaluces, los catalanes y todos los demás componentes de este hermoso país hayáis aprendido el camino hacia nuestros pueblos y ciudades y os sintáis muy cómodos y satisfechos en ellos.

¿Por qué no entienden los políticos esta nueva forma de entendimiento, haciendo desaparecer los muros de los cuarteles actuales y convirtiéndolos en parte del pueblo?

Se que costará años olvidar un pasado tan escabroso y que ambas partes deberemos hacer ingentes esfuerzos para normalizar unas relaciones que se quebraron el año 1937 y nunca después se recompusieron. No va a resultar fácil pero el camino se hace al andar y en primer lugar es necesaria la confianza entre las instituciones. Lo que me parece lamentable es el estúpido paso de hacer desfiles en las plazas y vías públicas vascas que no hacen sino recordarnos tiempos pasados que deberíamos haber enterrado hace mucho.

¿Por qué no empezar por acercar a los pueblos, el español en su diversidad y el vasco en su identidad, mediante festivales, efemérides y actos conjuntos diversos, así como visitas múltiples que enriquezcan el conocimiento mutuo que unos y otros podemos compartir?

¿A quién interesa que se mantenga este enorme distanciamiento entre Madrid y Vitoria, entre los distintos pueblos de España y el vasco, entre policías españoles y vascos?

Busquemos respuestas y pongamos en práctica las medidas necesarias para conocernos mejor y así entendernos también mejor.

V.3.- ETA Y SUS CHAVALES

10.- La entrada en ETA

Fernando Arámburu nos expone con claridad en su novela "Patria" la necesidad que cualquier organización terrorista tiene de ampliar continuamente el número de sus adeptos, el número de jóvenes convencidos y dispuestos a matar y a llevar a cabo los actos destructivos necesarios sin valorar sus consecuencias sino como imprescindibles para conseguir el ideal de la lucha: "ETA debía actuar sin interrupción, no le quedaba otro remedio. Hacía tiempo que había caído en el automatismo de la actividad ciega. Si no hacía daño, no era, no existía, no cumplía ninguna función. Este modo mafioso de funcionamiento estaba por encima de la voluntad de sus integrantes. Ni siquiera sus jefes podían sustraerse a él. Si bien, tomaban decisiones, pero eso era solo aparente. En ningún caso podían no tomarlas, porque la máquina del terror, una vez que ha cogido velocidad, no se puede detener".

Y ello supone una actividad permanente de captación de jóvenes que, como ya hemos explicado, nacieron y vivieron en familias y pueblos oprimidos por un Estado Español, una guardia civil y una policía armada valoradas como extranjeras y ocupantes.

Tal como aparece en la obra "El purgatorio" de Jon Sistiaga, cuando los chicos de ETA intentaban fichar a los jóvenes adolescentes, les decían que serían héroes, hijos predilectos de sus pueblos, que tendrían la admiración de sus vecinos, que harían historia y que todo eso merecía la pena. Se les planteaba que la lucha era siempre contra un enemigo opresor y culpable de la infelicidad de nuestro pueblo vasco, que "pronto" se conseguiría una Euskal Herria independiente, socialista y única, donde todos tendríamos igualdad de oportunidades y no habría ni policías opresores ni capitalistas que se enriquecieran a costa del sudor y el trabajo del pueblo.

Estos jefes siempre ocultaban la realidad de los hechos y, en especial, la verdadera cara de la violencia. El segundo paso era la inoculación del odio en las venas de los jóvenes incautos manipulados que entraban en la Organización, un odio en primer lugar contra las figuras de los opresores, guardia civil y policía españolas, pero que pronto se ampliaba hacia todo lo que de una u otra forma supusiera enfrentamiento (ertzainas), molestia (jueces, periodistas, etc.) o lucro (empresarios). Ese odio iba corrompiendo y deshumanizando a los jóvenes, convirtiéndolos en animales. Y los animales no sienten compasión, ni amor, ni piedad ni lástima. Todo etarra se convertía así, como nos lo explica José María Calleja en su ensayo "La diáspora vasca" en: "Alguien entrenado en el odio, educado en ausencia de la responsabilidad más absoluta, habituado a la gimnasia del todo vale contra el que se decide que es el enemigo".

Y, como ya he expuesto con anterioridad, muchos jóvenes vascos no distinguieron, aunque se les explicara, que la posibilidad de morir siempre era una coartada ética falsa para poder matar, que había una trampa semántica en defender siempre al que asesinaba por la espalda, con la excusa de que arriesgaba su vida por hacerlo, que morir por la Causa era también asesinar por ella.

¿Cómo es posible llegar a esa situación por la que miles de jóvenes vascos se lanzaron a matar sin tener conciencia alguna de sus consecuencias futuras?

¿Cómo en una sociedad democratizada y educada como la vasca?

La adolescencia es el momento de la cuadrilla. La fidelidad a la cuadrilla, la pertenencia, se refuerza a base de frecuentar sus actividades. Y estaba normalizado desde los años 70 e incluso antes que toda una cuadrilla o varios de ellos se integrasen colectivamente en ETA y, en la mayoría de los casos, arrastrándose unos a otros aún sin ser demasiado conscientes ni de sus mínimas consecuencias y solo por no aparecer como cobardes. Los captadores siempre exigían adhesiones ciegas, inquebrantables y señalaban como traidor al que rompía las reglas o pensaba por sí mismo.

Como nos lo expone Lorenzo Silva en su novela "El mal de Corcira": "La capacidad de la condición humana no tiene límites cuando se pone a explorar su potencial para producir majaderías. En aquella mirada alucinada intuí la inconsciencia, la ignorancia, el aturdimiento fatídico que una y otra vez permite a los hombres causar los males más inmensos".

Como nos comenta Fernando Arámburu en "Patria": "Recuerdo compañeros del cole que terminaron cogiendo las armas. A menudo me pregunto por qué yo no. Quizá de haber vivido en un pueblo, yo habría seguido a la manada, como otros con la fiebre que calienta a todos y los une en el calor de la causa. Desgraciados, les han llenado el cerebro de consignas, monos manejables, ansiosos de obedecer; a mí me mandan que ejecute a fulano y lo ejecuto sea quien sea; su misión no era pensar ni sentir, sino cumplir órdenes. Esto no lo entienden los que luego lo critican. Una máxima del instructor: no asesinamos, ejecutamos".

Hace pocos días leí una frase asombrosa del cantautor vasco Benito Lertxundi: "Lo peor que le puede pasar a un hombre o mujer es estar al servicio de una serie de valores heredados, sobre los cuales no ha reflexionado".

Es lo que ocurre con muchos credos culturales, religiosos o políticos. Si seguimos a pie juntillas lo que nos dicen, estamos desarrollando una mente atrofiada, ciega, poco sensible y evolucionada, una mente que no sabe discernir y predispuesta a obedecer órdenes.

El periódico "The Guardian" nos recuerda que: "En tiempos turbulentos y confusos la gente se muestra perdida y atemorizada y suele buscar líderes e ideologías que ofrecen respuestas simples y contundentes.

Carmen Posadas nos expone: "Hay situaciones en las que uno se pregunta por qué hay cada vez más personas, cultas y formadas, dispuestas a creer cualquier disparate, al tiempo que se ha perdido la capacidad de tolerar que otros piensen de modo diferente".

Hannah Arendt nos dice: "Los ciudadanos se sienten atraídos por este tipo de movimientos populistas debido a dos razones:
1.- Les proveen de un sentido de pertenencia.
2.- Estas propuestas de soluciones fáciles a problemas complejos hacen que el mundo parezca menos caótico".

Así es la naturaleza humana: puede ser cauta y a la vez temeraria; culta y a la vez crédula; capaz de seguir a un héroe o a un loco. Entenderla no es fácil, pero no intentar comprender sus sinrazones solo conduce a más sinrazón todavía.

La ética estudia la moral y determina qué es lo bueno y cómo se debe actuar, es la teoría o ciencia del comportamiento. Requiere capacidad de pensamiento crítico y reflexión, justamente de lo que carecen todos los jóvenes menores de 20 años.
La alternativa a la ética es la ideología, que otro piense por ti y te imponga su pensamiento como verdad. Hacer ética puede suponer salirse de la tribu, hallar razones sobre por qué lo que voy a hacer es lo correcto. Y entre los jóvenes es muy difícil

Y así fue como miles de jóvenes se dejaron arrastrar por quienes desde ETA se dedicaban a la captación de chavales inexpertos.

11.- La familia del etarra

Y la primera consecuencia de la "conversión del joven en miembro de la organización ETA" es el trauma familiar correspondiente, que ya inicia una andadura absolutamente diferente, que ya se define como un elemento importante dentro de los círculos etarras. Murió la indiferencia y el silencio cobarde y nace la necesidad de comprender el paso dado por el hijo y de justificarlo, aunque, al menos al principio, cueste aprobarlo.

Como nos lo expone Fernando Arámburu: "La madre del etarra de repente es otra persona, ha tomado partido por su hijo. ¿Cómo vas a dar la espalda a tu propio hijo, aunque sepas que está cometiendo maldades? Y pasó a tener con "los otros" la misma sensibilidad y empatía que el tubo de escape de una moto. Mi hijo jugándose la vida por Euskal Herria y esta gentuza no para de explotar al pueblo. Pues, donde las dan, las toman".

Una familia que antes podía votar al PNV o alternar con otras familias del mismo nivel social, de pronto cambia de forma de ser y de pensar, de amigos y de voto, de lugares de encuentro y de sentimientos. Muchos más si el hijo/hija cae preso de "las fuerzas opresoras" y lo llevan "injustamente" a cárceles de España.

Y la familia del victimario se pregunta: ¿Por qué nos tienen que castigar a los familiares de los presos?:

"Ahora les ha dado por acosarnos. Desde que se acabó la lucha armada, los enemigos del Euskal Herria se han vuelto valientes, se creerán que son los únicos que han sufrido. Está claro que buscan venganza, nos quieren machacar y que nos rebajemos a pedirles perdón. ¿Yo pedirles perdón? Antes me tiro al río. Sin ETA es como ir desnudas por la calle, nadie nos defiende". (Fernando Arámburu en "Patria")

El daño causado se reparte entre todos. Nadie se libra.

12.- La imagen propia del etarra ante el pueblo

El pueblo vasco vivió siempre atemorizado:

1.- 1937 a 1977:

Durante muchos años por unos, los franquistas, es decir desde la guerra civil que terminó en junio de 1937 hasta prácticamente el inicio del nuevo estado democrático con las elecciones del año 1977. A mí me tocó aguantar hasta 32 años de mi vida bajo el régimen franquista, siendo los dos últimos (1975 a 1977) incluso más peligrosos e ingratos que los anteriores por la enorme inseguridad jurídica y el abuso de la situación generada por los grupos de extrema derecha que campeaban por los pueblos, las fiestas y las ciudades como "los reyes del mambo", sin que las fuerzas del orden moviesen sus zarpas para contenerlos, ya que incluso muchos de los "grupos abusones" los formaban ellas mismas.

El control policial durante estos "40 años de paz en el País Vasco" era total y prácticamente todas las personas vascas (supongo que también en España) estábamos "fichadas" como "amigas del régimen" o "contrarias, enemigas o no afectas" al sistema establecido. La mayoría de "las fuerzas vivas" (políticos y dirigentes) estaban alineadas con el poder, es decir, los "afectos de primera hora", y a ellos se acercaron "los que pronto comprobaron que resultaba mucho más rentable hacerlo", "bastantes empresarios exitosos" que también comprobaron pronto que era más rentable repartirse el poder de pueblos y ciudades para también repartirse las oportunidades y los beneficios correspondientes", " los sempiternos chupaculos que siempre aparecen junto al poder" y "los eclesiásticos" que buscaban aprovecharse del reparto en justa compensación por sus servicios al poder.

En Gernika estas "fuerzas vivas" se reunían los domingos después de Misa Mayor en el Bar Restaurante Arrien para tomar sus "vermuts y pintxos" invitados por el señor alcalde, quien, al menos desde 1955 en adelante, cada cuatro años siempre estaba en la nómina de alguna de las cuatro empresas dominantes del pueblo: Malta, Astra, Marzana o Jypsa. Durante toda esa época la guardia civil estaba presente en procesiones y otros actos civiles y religiosos para que nadie se olvidara de quién mandaba y también nos paraba en las carreteras a los jóvenes por el simple delito de serlo. En la calle jamás se hablaba de política porque había un gran temor por todo lo sufrido y para evitar que volviera a suceder.

2.- 1978 a 2011

Los pasos hacia la democracia fueron:
-   El 15 de octubre de 1977 se firmó la amnistía general tanto para los inculpados en acciones del antiguo régimen franquista como para todos los inculpados en acciones de carácter terrorista, incluyendo todas las penas y causas de los miembros de ETA, que quedaron en libertad.
-   El 31 de octubre de 1978 se votó por una Constitución democrática y
-    El 1 de marzo de 1979 hubo elecciones democráticas.

Conforme a esos principios democráticos ya no hacía falta la lucha armada para ejercer los derechos democráticos tan deseados y, además, el pueblo vasco ya había sufrido bastante. Pero la amnistía general no bastó para que quienes se habían acostumbrado a andar con el pistolón encontrasen respuesta a la siguiente pregunta:

¿Y ahora qué hacemos si no sabemos hacer otra cosa?

¿Cómo mantenemos nuestro ESTATUS de héroes siendo como somos los chicos del pueblo que nos hemos dejado manipular para huir a Francia de puro miedo que teníamos?

¿Cómo vamos a empezar a trabajar 8 horas diarias de peones sin oficio para ganar cuatro duros y vivir mucho peor que ahora?

Y sus jefes se ocuparon de "redefinir el panorama" y, como ellos mismos explicaban, de "desenmascarar a los autodenominados demócratas españoles que no son sino continuadores del régimen fascista anterior". Se buscaron añagazas y "razones" para justificar seguir con el pistolón en Francia y para convencer a más jóvenes inexpertos ("tontos útiles") a seguir arriesgando sus vidas por la ilusa imagen de una Euskal Herría ideal, socialista e independiente de un Estado Español que seguía con sus guardias civiles y policía armada dominando nuestro país.

Y no se podía perder tiempo ni dejar pensar: el día siguiente al de la amnistía general de todos los presos etarras y de todos cuantos no habían sido ni siquiera juzgados, los atentados resurgieron como si la democracia no se hubiera aprobado.

¿Por qué?

¿Quiénes decidieron que unos pocos señores de ETA siguieran en la lucha armada contra una democracia ya constituida?

¿Quiénes decidieron, supuestamente en nombre del Pueblo Vasco que esa democracia era engañosa y que había que seguir matando para salvar a Euskal Herria de ella?

Nadie ha levantado la mano auto acusándose ni justificando esa decisión, ni entonces ni ahora. Y yo me pregunto: ¿No será más verdad que unos pocos recalcitrantes de ETA no se resignaron a aceptar la paz porque ello suponía la pérdida de su propio estatus y la necesaria vuelta a trabajos ingratos y sueldos bajos?

Lo único cierto es el enorme daño que esta actitud de unos pocos ha generado a Euskal Herría, como demostraremos, en los siguientes años entre 1977 y 2011.

Pero ¿cómo reaccionó el pueblo? El pueblo vasco pasó de una sumisión al Estado franquista dictatorial a otra sumisión forzada, rigurosa y cruel a las decisiones de unos cuantos etarras que subyugaron a todos y nos convirtieron en un pueblo cobarde y sometido. Pero con una novedad muy importante: quienes ahora definían las pautas de conducta del pueblo eran "unos jóvenes vascos entusiastas que decían luchar por la independencia y contra un supuesto fascismo centralista español". Eran los propios "hijos del pueblo" los que seguían luchando, nuestros hijos los que mataban, pero también los que morían por Euskal Herría.

¡Qué contradicción!

¡Estábamos en democracia, pero nuestros hijos y hermanos no se fiaban de ella y siguieron luchando por una sociedad socialista igualitaria y por una independencia a imponer a todos, pero controlada solo por ellos!

El gobierno español se democratizó, pero las acciones de ETA no cesaron, sino que se incrementaron, llegando el año 1980 a ser el más letal, con 91 personas asesinadas por la organización. Y el gobierno democrático español se vio obligado a aplicar la represión con el uso de la violencia, considerada legal internamente, aunque ello supusiera víctimas adicionales por ambas partes. A su vez, la represión alimentaba el acercamiento de más jóvenes vascos a ETA y el recrudecimiento de la lucha.

Y ETA, necesitada del respaldo del pueblo para evitar caer en manos de las fuerzas organizadas por el Estado español y como no todos estaban dispuestos a arriesgarse por ayudarles ni conformes con sus acciones, tomó medidas para que las personas del País Vasco les apoyasen por gusto o sin gusto, para que no les delatasen e incluso para que les aportasen las ayudas económicas necesarias.

Los enemigos ya no eran solo españoles extraños, sino parte de los nuestros y el pueblo tuvo que escoger:

1.- Unos, sobre todo quienes tenían algún familiar en la organización o rencores antiguos, entendieron que los militantes de ETA defendían al pueblo vasco de los históricos ataques de sus opresores y los veían como combatientes altruistas. Y pronto se organizaron en grupos de extrema izquierda que terminarían fundando Herri Batasuna.

2.- Otros, quienes habían sido profranquistas o se habían aprovechado de las ventajas de esa época y se habían enriquecido por sus relaciones pronto se vieron acosados por las acciones de ETA y muchos de ellos se marcharon a vivir e invertir a zonas más tranquilas de España, unos pocos cambiaron de chaqueta y quienes no pudieron marcharse bajaron la cabeza y padecieron en silencio la presión.

3.- Otros empresarios, profesionales e incluso funcionarios de cierto nivel fueron amenazados con el conocido "impuesto revolucionario" y con asesinatos y secuestros puntuales para atemorizarlos y conseguir que abriesen sus carteras en la mayoría de los casos o se marchasen del País Vasco en otras.

4.- Otros muchos de nivel social medio y medio-bajo se fueron acercando a los entornos batasunos para "demostrar que ellos estaban con la causa" y así no aparecer nunca en las pantallas de ETA.

5.- Y otros siguieron su vida con relativa normalidad, aunque con el temor metido en el cuerpo y siempre con la esperanza de no llamar la atención y de que ninguno de sus familiares fuese atraído por quienes actuaban de captadores de "tontos útiles" para la organización ETA.

En fin, todos quienes vivíamos en Euskal Herría pasamos de sufrir una violencia franquista dominante a otra violencia etarra igualmente dominante que durante otros 30 años nos tuvo con el alma en vilo. Y en calles y bares sacaban pecho y levantaban la voz quienes querían ser o aparentar ser "amigos y defensores de los etarras" y los demás bajábamos la cabeza. Un alto número de vascos siguieron ayudando a los etarras porque eran hijos, nietos, hermanos, primos o amigos y también porque los consideraban de una u otra forma como defensores del País Vasco, aunque no se estuviera, en muchos casos, conforme con los medios utilizados de lucha armada.

El pueblo vasco se acobardó, pero yo puedo afirmar con resignación y buena fe que no deseo a ningún pueblo el padecimiento y el tormento que para Euskal Herria supuso ETA.

13.- El etarra en la cárcel

Como nos lo expone Mario Onaindía en su libro "Guía para orientarse en el laberinto vasco", los presos de ETA se convirtieron para muchos vascos en la prueba irrefutable de que Euskadi era un pueblo oprimido y ocupado militarmente, aunque ésta fuera una realidad difícil de demostrar. Durante la dictadura franquista los presos de ETA permanecían en prisiones militares y desde la transición se les recluyó en centros penitenciarios civiles, aunque se les aplicó la dispersión lejos de Euskadi. Hasta la organización pacifista "Gesto por la paz" calificó la dispersión como un castigo añadido extra penitenciario, discrecional y arbitrario y criticó duramente al considerarlo como un castigo a sus familiares y entorno. En la actualidad ya están todos en cárceles vascas.

En 2005 había 544 etarras en las cárceles españolas y 153 en Francia. En el año 2008 se alcanzó la cifra máxima de 670 presos en

España. Según un informe encargado por el Gobierno vasco presentado en junio de 2013, el total de personas detenidas de 1960 a 2013 por pertenencia o colaboración con ETA fue de más de 40.000, aunque finalmente, según cifras del Ministerio de Interior, menos de 10.000 de ellas fueron imputadas por su relación con la organización.

Fernando Arámburu, en su excelente obra "Patria" nos hace una amplia reflexión sobre lo que le puede suceder a cualquiera de los presos etarras: "Pasan los años y se abren grietas y por ellas entra el agua de la nostalgia, contaminada de soledad y el agua de la conciencia. Los largos años de reclusión pesan. Las disputas entre compañeros cansan y desmoralizan, lo mismo que los roces con los carceleros y las huelgas de hambre. La soledad desgasta mogollón y en la cárcel pensar demasiado debilita, lo pone a uno ante la verdad amarga, ahí tienes tu vida chaval, tirada como un montón de desechos entre las cuatro paredes de una celda. Por vez primera tuvo la sensación física de que había tirado por la borda su juventud".

También Jon Sistiaga en su obra "Purgatorio" nos añade sus reflexiones sobre el tema: "Podemos hablar de presos simpáticos, amables, jatorras, cariñosos, pero todos allí sabíamos que ninguno éramos buena gente, porque habíamos matado o intentado matar. Había psicópatas, depresivos, drogadictos, machistas, violadores, mentirosos, etc".

ETA siempre utilizó a sus presos como arma política muy eficaz ante el pueblo vasco tanto para justificar sus acciones como para conseguir su respaldo y apoyo continuado. Lo asombroso es que a ETA le convenía tener cuantos más presos mejor en las cárceles españolas, porque de esta forma la indignación popular era alta y por otra parte la vuelta de los presos suponía que en un 99% de los casos esas personas dejaban la actividad, es decir, se convertían en "exetarras" y muchos de ellos en personas "muy quemadas" con la organización.

Y en la actualidad sigue utilizando esta misma estrategia la izquierda abertzale, con las pancartas que aparecen en todos los pueblos como "José Mari askatu" en las que se manipula a un hombre y se fabrica un héroe, enalteciendo a quienes sembraron el terror, a los que van homenajeando. La hipocresía también ha sido un arma en la lucha de ETA e incluso en la de Herri Batasuna.

A finales de 2024 había 131 presos etarras en Euskadi, 5 en la cárcel de Pamplona y 4 en Francia. De los 131 presos ya 41 están en el tercer grado, dependiendo en la actualidad del Gobierno Vasco, aunque puede revocarse esa situación por un recurso de la fiscalía. El Gobierno Vasco concedió en 2022 el tercer grado a 32 presos etarras (primer año), en 2023 a 21 y en 2024 a 24. Los requisitos que exige la ley para su concesión son mostrar signos inequívocos de abandono del terrorismo y el reconocimiento de la autoría del atentado, del daño causado a las víctimas y a la sociedad y aceptar la responsabilidad civil.

Tal como lo expuso la consejera del PSOE María Jesús San Jose: "El tercer grado no es un derecho, hay que ganárselo y su objetivo es la reinserción y la convivencia, finalizado el terrorismo. La Ley también exige a los presos colaboración con la justicia, pero no cita expresamente ni la delación ni el arrepentimiento que es un sentimiento. La norma no es taxativa, admite criterios diferenciados y las instituciones penitenciarias deben seguir un tratamiento personalizado y valorar su evolución".

El Código Penal de 2003 elevó de 30 a 40 años la pena máxima, lo que, según la organización de apoyo a los presos de ETA, afecta a unos 60 presos. En la manifestación a favor de los presos del 11.01.2025 se pidió:

1.- Reducir los 40 años de pena máxima, que consideran una injusticia.

2.- Cumplir a rajatabla el tercer grado con todos los presos.

3.- Que no se utilice el dolor de las víctimas políticamente y

4.- Que todos hagan autocrítica, también los presos, pero incluyendo al Estado por ser responsable de vulneración de derechos humanos.

14.- - La vuelta del etarra al pueblo

Tal como nos lo expone Jon Sistiaga en su obra "Purgatorio", "Ser un ex ya no vende: los que salen de la cárcel o los que vuelven del exilio tienen su momento de gloria, su recibimiento popular, que jode, no te digo que no, pero luego nadie se acuerda de ellos. Los antiguos jefes ahora no quieren saber nada de sus soldados".

Debe quedar claro que apoyo todas las medidas legales que faciliten la reinserción social de todos los terroristas arrepentidos, ya que todos nos equivocamos y la inteligencia hay que utilizarla precisamente para aprender de los errores. La adaptación a las normas sociales actuales de quienes han pagado por sus errores la considero como un logro para toda la sociedad y un reconocimiento a las víctimas.

Incluso debemos tener muy presente que la gran mayoría de los etarras han sido "víctimas reales" de quienes les engañaron con promesas e ideales irreales y absurdos, pero que por su falta de madurez no supieron valorar adecuadamente. Siento que ellos, en su inconsciencia y su, digámoslo claro, estupidez hayan hecho mucho daño a demasiadas personas de este País Vasco y también a otras muchas de otros territorios, pero también es nuestro derecho y obligación entender lo que ha pasado en nuestro pueblo y entenderles también a quienes se equivocaron.

Entre los antiguos militantes de organizaciones terroristas vascas hay casos de suicidios, de individuos enganchados a las drogas, de otros dedicados a realizar atracos y de muchísimos "perdidos" e inadaptados a los que debemos en primer lugar comprender y en segundo lugar ayudar y proteger. Les deseo lo mejor para ellos y también para sus familias.

15.- El activista muerto

Como bien nos lo dice Kepa Aulestia en su libro "Herri Batasuna, Crónica de un delirio": "La víctima y el héroe solo se reconocen en el culto a los muertos propios. En todas las ocasiones el activista muerto se convierte en un héroe épico, que a la vez cautiva y acompleja a los más próximos". Nada podemos agradecerles por haber muerto por actos que tanto dolor y sufrimiento han generado a muchos miles de personas vascas y de otros lugares, pero si podemos y debemos compadecer, comprender y apoyar con todas nuestras fuerzas a sus familiares, madres, padres, hermanos, familiares y amigos que los querían.

Lucharon verdaderamente por ideas que les fueron inculcadas por otras personas, ideas que nunca aportaron ni felicidad ni satisfacción a este Pueblo Vasco del que se sentían o decían sentirse defensores y patriotas. Esta es también una de las consecuencias más gravosas de ETA, personificando como ETA a quienes la dirigieron sin valorar jamás nia a las víctimas que iban a generar ni, sobre todo, a quienes convencieron para entrar en la banda y para vivir y morir por su causa mientras ellos, quizás, dormían y siguen durmiendo sobre blancas almohadas. Esto se lo tenemos que recordar también a sus familiares y amigos.

16.- La ruptura con ETA

16.1.- La organización

ETA ha sido una organización que se inició con un carácter de lucha contra una dictadura impuesta por la fuerza en todo España y se fue transformando hasta convertirse en sí misma, en una organización terrorista que se proclamaba independentista, abertzale, socialista y revolucionaria, pero adaptando una dirección y régimen dictatorial interno y absolutamente alejado de las necesidades e intereses del pueblo vasco.

Como ya hemos estudiado, ha habido múltiples divisiones y disensiones internas tanto ideológicas como de actuación en la forma de plantear la "lucha revolucionaria". El momento más crítico fue el del paso de la dictadura franquista a la democracia. Un porcentaje mayoritario de sus miembros optaron por abandonar la lucha armada, pero hubo quienes decidieron seguir con ella e incluso radicalizarla hasta el punto de convertir el año 1980 en el más mortífero de toda su historia.

Ya no era un enfrentamiento contra una dictadura impuesta desde Madrid, sino un movimiento revolucionario que pretendía imponer sus tesis y criterios fundamentalistas sobre todos los demás miembros de un mismo pueblo, sin reparar ni en las consecuencias ni en el daño que se estaba causando al propio pueblo vasco.

16.2.- La separación y ruptura

Mario Onaindia, Teo Uriarte y muchos más de entre los antiguos convencidos de la causa etarra decidieron separarse definitivamente de la misma y consiguieron romper amarras con ETA para poder dedicarse con plena libertad y responsabilidad a defender otras formas de entender el mundo político y social. Apostaron la mayoría de ellos por organizaciones democráticas, muy alejadas de los sistemas de pensamiento y actuación de ETA, adjurando de ella y de las ideas que habían defendido cuando eran sus militantes. Algunos incluso se convirtieron en destacados luchadores contra ETA. Pero siempre, como nos lo expone Kepa Aulestia en su libro "HB, Crónica de un delirio", la característica de la ruptura fue individual y callada.

16.3.- Los casos de Solaun y "Yoyes"

Miguel Francisco Solaun fue miembro de ETA, fue detenido en 1969 y fue considerado como el cerebro de la fuga de presos de ETA de la cárcel de Basauri ese mismo año, fugándose a Francia. Se le amnistió en 1977, volvió y fundó una empresa de construcción ganando un concurso para construir la casa cuartel de la guardia civil en Algorta.

ETA se puso en contacto con él y, bajo amenazas, le obligó a contratar a dos etarras, quienes colocarían 50 kilos de Goma-2 en el falso techo de la primera planta con el fin de hacerla estallar en plena inauguración.

Solaun permitió la colocación de los explosivos y ETA le exigió que fuera él mismo, Mikel Solaun, quien activara la bomba, pero como sabía que podía provocar una masacre avisó por teléfono a la guardia civil para que localizaran los explosivos.

La guardia civil lo arrestó y pasó 4 años en la cárcel de Soria por colaboración con ETA. Allí fue acusado de "traidor" por otros presos de ETA. Fue asesinado por ETA el 04.02.1984 con un disparo en la nuca, cuando estaba tranquilamente en un bar junto a su mujer y sus dos hijas. Esta es la justicia etarra. Jamás he escuchado a miembro alguno de EH Bildu condenar este asesinato ni el de YOYES.

María Dolores González Catarain "YOYES" (1954 -1986) fue miembro y dirigente de ETA, conocida por haber sido la primera mujer dirigente de la banda y haber sido asesinada por ETA acusada de traición. En su adolescencia se inclinó por la ideología de la izquierda abertzale y se cree que ingresó en ETA con escasos 17 años en 1971. Al principio fue una "militante legal", manteniendo su militancia de forma clandestina. A finales de 1973 Yoyes fue sorprendida robando una multicopista y huyó a Francia, donde se convirtió en persona de confianza de José Miguel Beñarán Ordeñana "Pertur", uno de los principales ideólogos de la organización.

Cuando en diciembre de 1978 "Argala" fue asesinado por el Batallón Vasco Español, Yoyes pasó a la dirección política de ETA militar. Su enfrentamiento con Eugenio Etxebeste "Antxon" fue irreversible y ante las amenazas de algunos miembros de ETA, decidió marchar a Latinoamérica en 1980. Terminó abandonando ETA con la máxima discreción y sin criticarla en público.

En agosto de 1985, al no haber causa judicial abierta contra ella y a tenor de lo dispuesto por la Ley de Amnistía de 1977 y pactando el regreso con Txomin Iturbe (muerto en Argel el 01.03.87), con la condición de hacerlo discretamente, negoció su vuelta con el PSOE y el 11.11.1985 volvió a San Sebastián con su marido e hijo. El Estado español presentó este hecho como una acogida a las medidas de reinserción que entonces existían. Acusada YOYES de traición, Francisco Múgica Garmendia "Pakito" ordenó su muerte y el 10.09.1986 fue asesinada a tiros por Antonio López Ruiz "Kubati" mientras paseaba en su localidad natal, Ordizia, con su hijo de 3 años.

En la entrevista de Évole a Yosu Urrutikoetxea "Ternera", dirigente casi vitalicio de ETA y huido de la justicia, realizada en el verano de 2023, consta una afirmación significativa: "La organización pensó que era necesario cortar esa especie de cáncer". Es una frase representativa del modo de pensar y actuar de los dirigentes etarras. Como lo hemos podido comprobar en este y otros muchos casos, ETA nunca ha entendido la palabra "compasión", ni tampoco el concepto de "empatía con el ser humano".

En la actualidad "YOYES" continúa siendo un icono mediático al que el escultor Oteiza ha rendido homenaje en su pueblo natal, Ordizia.

V.4.- ETA, LOS EMPRESARIOS Y LOS PROFESIONALES

17.- El empresario en la dictadura

La figura del empresario en el País Vasco en tiempos de la dictadura franquista se mimetizaba con la del "hombre rico, cercano al poder, castellano parlante y lejano", es decir, que nunca se mezclaba con el vulgo y mantenía sus propias relaciones y lugares de diversión y entretenimiento diferentes al resto. Los ayuntamientos estaban controlados por los afectos al régimen quienes siempre mantenían buenas relaciones con los empresarios para manejar a su conveniencia los permisos de construcción y demás ventajas que generaba el poder.

18.- Los empresarios para ETA

A.- Primera fase

Los llamados "empresarios o grandes empresarios" pronto fueron centro de atención de ETA, más por su cercanía al poder que por el hecho de ser empresarios. Pero a medida que se iba definiendo ETA como revolucionaria, socialista y comunista, ésta inició acciones más directas contra todo tipo de empresas con el fin de generar los ingresos necesarios para mantener la lucha armada. Se empezó con atracos a bancos y demás entidades financieras, pero pronto comprendieron que este sistema financiero era arriesgado y, muchas veces, poco productivo.

Más tarde pensaron que un buen secuestro de un gran empresario podría acarrear, con mucho menos riesgo, unas cuantiosas cifras de beneficio. Para justificar cualquier acción contra alguien, el paso previo "consistía en cosificarle, en quitarle todo valor humanitario", y eso es lo que hizo ETA. Como nos lo expone Jon Sistiaga en su obra "Purgatorio": "En ciertos círculos se les acusaba a los empresarios de "putos capitalistas, explotadores de la clase obrera, machacadores de sus trabajadores, ser vascos de mierda, de fachas, etc".

Esas cosificaciones se iniciaron con los grandes empresarios y las familias más ricas de Getxo y de todo Euskal Herria, generando para el año 1980 la mayor desbandada de empresarios, profesionales y familias de alto y antiguo abolengo hacia España, algo que nadie hubiera podido imaginar solo cinco años antes.

Las viviendas de las zonas más ricas de pronto se vaciaron y salieron a la venta por precios ridículos, consiguiendo al mismo tiempo que grandes empresas como BBV y otras se olvidaran de las inversiones pensadas para Euskal Herría y las trasladaran a Zaragoza, Barcelona, Burgos, Málaga y, sobre todo, Madrid.

B.- Segunda fase

Cuando los empresarios fuertes se marcharon del País Vasco, ETA tuvo que trasladarse a España para seguir con los secuestros y extorsiones o fijarse en los pequeños empresarios, cuyas empresas no podían trasladarse o carecían de los medios necesarios o no podían pensar en marcharse de "su país en el que se sentían y eran tan vascos como los propios etarras".

Fernando Arámburu en su obra "Patria" nos pone un ejemplo de la forma de actuar de ETA con los pequeños empresarios: "El empresario contrata y su mujer le dice: Tu mete gente de aquí para que los salarios no se marchen fuera y al Andoni de los cojones, le dio trabajo más que nada porque unos conocidos le vinieron con ruegos y que si por favor. La teoría del empresario: los hijos que sean felices y lo demás es secundario. La pena de ser empresario: No soy clasista, pero cualquier tipo al que le caigas mal o que te envidie intentará perjudicarte. El amigo del empresario le dice: véndela. El empresario le contesta: ¿Estás loco? La empresa es mi vida. Soy de aquí, los del pueblo me conocen, hablo euskera, no me meto en líos de política, doy trabajo, hasta los cinco años no sabía ni jota de castellano, mi padre estuvo en la guerra contra Franco y pasó tres años en la cárcel. Si yo no soy parte del pueblo vasco que ellos dicen defender, ya me dirás quién lo es. Piensan que todo lo que tengo lo he robado, pues haber trabajado como yo, nos ha jodido. Pero la razón de ETA es: "se ha forrado a base de explotar a la clase obrera y ahora le viene la factura". Liquidado el empresario, se acabó la empresa: Catorce despidos".

Muchos fueron los empresarios y profesionales de éxito que fueron amenazados y obligados a adaptarse a la fuerza y a resignarse a pagar el impuesto revolucionario, a marcharse o a sufrir otras consecuencias peores, incluyendo, en bastantes casos, la muerte.

Muchos fueron acusados socialmente de antinacionalistas y traidores a Euskadi, y tuvieron que sufrir el síndrome del apestado o aislamiento social completo o parcial.

Yo mismo fui uno de ellos.

19.- La financiación de ETA

La lucha armada hay que financiarla, no lo olvides. Como lo dice bien claro José María Calleja en su obra "La diáspora vasca": "Sin dinero no se sostiene la intendencia de la muerte. Cuatro vías principales: los secuestros, las extorsiones, los beneficios de las empresas montadas por la trama financiera etarra y las recaudaciones de chantajear a los pequeños empresarios del País Vasco".

La flota de individuos a mantener por parte de ETA aumentó de forma exponencial entre miembros activos, militantes residentes en Francia y América, presos, familiares de presos, agitadores en plantilla, aspirantes a entrar en la organización, etc. Y en 1999 había más de 500 presos. Y para conseguir tanto dinero se necesita el miedo. La muerte de las víctimas prepara los caminos del miedo que garantizan la llegada fluida del dinero con el que preparar más muertes. Se estimaba a principios del siglo XXI un presupuesto anual de 2 millones de euros.

20.- El impuesto revolucionario

ETA extorsionó a unos 10.000 empresarios mediante el llamado "impuesto revolucionario", generalmente mediante amenazas de muerte. Las tácticas intimidatorias más utilizadas por ETA fueron las siguientes

1.- La violencia de persecución en forma de amenazas anónimas, carteles y pintadas amenazadoras.

2.- La extorsión mediante el cobro del llamado "impuesto revolucionario".

3.- El secuestro, argumentado a veces como castigo por no pagar el impuesto revolucionario.

4.- El atentado, utilizando generalmente el método del coche bomba, la mochila bomba o el disparo a corta distancia, conocido habitualmente "tiro en la nuca", aunque no siempre se dirigía a esa parte del cuerpo.

Todo empezaba con una simple carta dirigida al empresario con remite de un familiar, muchas veces un hijo, con todos los datos correctos y en euskera, en el que se anunciaba que en Euskal Herría había un conflicto político y la organización ETA, defensora de los intereses del pueblo vasco, necesitaba ser financiada, por lo que se le rogaba que se pusiera en contacto por los medios habituales.

Lo normal era guardar la carta y callarse. Aquí se iniciaba la tortura en soledad. Jose maría Calleja nos comenta en su obra: "El mazazo de la carta provocaba una angustia que se acentuaba ante la posibilidad de sincerarse con alguien de la familia". A la segunda carta lo lógico era comunicárselo a la familia e incluso a la Ertzaintza, en busca de apoyo, ayuda y protección. Pero eran demasiados "los necesitados" y la ertzaintza poco podía hacer para cubrir tanta desesperación.

Y sólo quedaban tres opciones: pagas, emigras o te la juegas.

Unos se ablandaban y otros no. No todos los empresarios tienen las mismas oportunidades ni todas las empresas son iguales, ya que unas pueden trasladarse sin problemas, pero la mayoría no. Los grandes inversores y las economías fuertes se marcharon con todo lo que pudieron y lo recolocaron en España o en otros países, mientras Euskal Herria perdía miles de millones de euros de inversiones de futuro.

La amenaza, la extorsión, la opresión y el miedo se hicieron habituales en el mundo empresarial. Hasta terminar pagando en el 95% de los casos.

21.- El exilio de los empresarios

El País Vasco es un pueblo emigrante y mestizo: Se calcula en 537.000 (año 1999) las personas nacidas fuera de Euskadi y residentes aquí. Sólo el 43% de las parejas residentes están formadas por personas nacidas aquí. Entre 1962 y 1964 el País Vasco tuvo un saldo migratorio favorable de una media de 30.000 personas por año.

A partir de 1977 el País Vasco se convirtió en una comunidad en la que se salía más gente de la que llegaba. En 1977 fueron 694 personas, en 1979 fueron 10.258, en 1980 fueron 10.837, en 1988 fueron 10.089, en 1996 fueron 3057, etc. Entre 1988 y 1996 emigraron del País Vasco 140.687 personas y llegaron 93.188, con un déficit de 47.499 personas. La salida del País Vasco de empresarios con más renombre se produce entre 1975 y 1980, pero el éxodo más numeroso es entre 1980 y 1990 y a partir de 1990 los empresarios ya no abandonan Euskadi de manera significativa, pagan, se quedan y callan.

En Madrid viven unos 50.000 vascos, no todos exiliados. En buena medida se trata de profesionales de entidades financieras y grandes empresas con antiguas sedes sociales en Euskadi y que han ido llevando a su personal más significativo a Madrid. La fuga de cerebros ha sido una auténtica sangría. Marbella y la Costa del Sol también son de los destinos preferidos de los exiliados vascos.

22.- ETA y los profesionales (jueces, médicos, periodistas..)

En las listas de ETA también hubo médicos, odontólogos, arquitectos, abogados y otros profesionales cuyos ingresos podían ser más altos que la media o que sobresalían por cualquier otro motivo y que se hicieron perceptibles a los ojos de la red de chivatos e informadores de los que mataban. Tanto los profesionales como los empresarios que sufrieron el terror y sobrevivieron han quedado tan marcados que prefieren guarecerse en el silencio. Igualmente, los extorsionados evitan hablar con nadie de su situación. La mayoría de ellos se sintieron desprotegidos y sin respaldo suficiente de la sociedad y de la policía.

Según el ensayo de Ofa Bezunartea, catedrática de la Universidad del País Vasco residente actualmente en Andalucía, "Memorias de la violencia", la estrategia de la socialización del sufrimiento de ETA hizo que, al menos, 65 profesores, 326 periodistas y 206 jueces fueran amenazados por la organización, aunque la mayoría pagaba en silencio y nunca apareció en las estadísticas. El momento culminante fue en 1999 con el veto de HB a El País, El Mundo y ABC con el cartel "Perros con micrófono y pluma".

Los profesores, según Manu Montero fueron acosados y extorsionados porque con su tribuna académica o mediática podían crear un frente intelectual: "Lo general era una reacción primaria: hacer como que no ven, como si esto no estuviera pasando. Los demás te ven como amenazado y, por tanto, como factor de riesgo. A veces vas por la calle, te encuentras con un amigo y le saludas, pero notas que mira hacia otro lado y está muy poquito tiempo contigo. Te vas aislando socialmente. El aislamiento se produce porque producimos miedo".

23.- ETA en la Universidad

José Luís Calleja en su ensayo "La diáspora vasca" nos expone una cruel realidad de la Universidad Vasca a finales del siglo pasado: "En algunas facultades, como la de periodismo, se libra una batalla abierta entre profesores civilizados, que tratan de profesionalizar al máximo posible su trabajo y profesores partidarios de la violencia, que entienden la docencia como una forma de adoctrinamiento. En esta Facultad de Periodismo se han creado grupos de individuos con el cerebro completamente lavado, dispuestos a seguir los pasos de sus mayores en el camino de la intolerancia".

¿Es posible que hubiera profesores, personas con formación superior y, por tanto, capaces de racionalizar lo que estaba pasando en nuestro país, que estuviesen adoctrinando a jóvenes adolescentes en el camino sin vuelta de la violencia en aras de utopías e ideas absolutamente absurdas?

Si, y no fueron dos o tres sino unos cuantos más que, después de que amainara el temporal, mudaron de piel y se muestran en la actualidad como ciudadanos serios y muy capaces de editar artículos, estudios y libros y de dar conferencias sobre temas varios, sin que se les note en sus caras el más mínimo rubor, aunque hayan sido responsables de que cientos de jóvenes hayan errado en el camino de la vida, convirtiéndose así en personajes despreciables por actuar en la dirección marcada desde las sombras.

Muchos profesores, catedráticos, periodistas y profesionales vascos de todos los campos durante las últimas cuatro décadas se vieron obligados a iniciar una nueva vida fuera de Euskal Herría. Lo habitual era que "otros profesores y alumnos" fueran creando un clima "especial y extraño" en derredor de los acosados.

Kepa Aulestia en su obra "HB Crónica de un delirio" nos habla en estos términos de la Facultad de Ciencias de la Información: "Este profesor de Ciencias de la Información comenta las lecturas de prensa del día radiografiando las informaciones y los editoriales, especialmente en su tratamiento de las noticias que afectan a lo que él denomina "resistencia vasca": los medios de la ·ultraderecha golpista y nostálgica" (ABC), del nacionalismo español disfrazado de polanquismo socialista (El País), de la "oligarquía negurítica y neofranquista" (El Correo) y sus acólitos del "regionalismo peneuvero" (Deia). Por fin, el profesor ha conseguido eliminar a todos y quedarse solo con el EGIN".

Ha habido profesores universitarios, investigadores académicos que han comulgado, de PE a PA, con los planteamientos de ETA y la izquierda abertzale para identificar a los medios como agentes del conflicto. ETA no se siente lejana a la tesis de que periodistas y medios son agentes del conflicto y, por tanto, susceptibles de caer.

24.- Los resultados económicos de la gestión etarra

1.- Ejemplo del "buen hacer" de ETA

Ya José María Calleja en su obra "La diáspora vasca" nos explica la triste historia de Juan Alcorta, dueño de las empresas Koipe y Sabin: "El 29.04.1980 Juan Alcorta Maíz difundió una carta en la que decía que se negaba a pagar la extorsión. En 1981 Koipe alcanzó los 17.150 millones de pesetas de ventas y unos beneficios por 405 millones. Savin alcanzó los 6.595 millones de pesetas de ventas y unos beneficios de 313 millones. Entre ambas empresas llegaron a superar los 2.200 empleados.

Juan Alcorta se jubiló en 1982. El 13.04.85 ETA prendió fuego al almacén de envasados de Koipe, destruyéndolo y, con ello, el futuro de la empresa, por pérdidas de más de 400 millones de pesetas y 45 empleos directos. Seis empresas del mismo polígono perdieron más de 600 millones de pesetas y el 11.02.87 era asesinado por ETA Patxi Arratibel, responsable de una de esas empresas. Koipe y Savin ya no existen".

2.- Reconocimiento del Parlamento Vasco

El 20.04.2023 el Parlamento Vasco aprobó una enmienda impulsada por el PNV y el PSE que "reconoce los graves efectos que ha tenido el terrorismo para la economía vasca". Todos los grupos votaron a favor salvo EH Bildu, que se abstuvo. ¿No es sintomático que ni siquiera acepte el daño causado?

3.- El desplome de la economía vasca

En las últimas décadas la economía vasca ha tenido los peores datos económicos de todas las comunidades autónomas de España sufriendo un desplome en relación con el conjunto del Estado del:

- 43% en su "stock" de capital (conjunto de bienes de capital de una economía, clasificándose como tales los bienes que cumplen la función de ser medios de producción para producir otros bienes, cuya vida útil es superior a un año y que, generalmente, son utilizados por las empresas) y del

- 24% de su PIB

Según un informe del Consejo General de Economistas, la evolución del PIB entre 1975 y 2019, es decir, en época democrática, por regiones en España ha sido la siguiente:

	A	B
Madrid	Incremento del 13,8%	19,44%
Valencia	Incremento del 4,6%	9,30%
Andalucía	Incremento del 4,6%	13,32%
Cataluña	Reducción del 1,6%	18,99%
Euskadi	Reducción del 23,5%	5,97%
Resto de España	Se mantuvo	32,98%
España		100%

A.- Evolución del peso del PIB de cada región con respecto al conjunto de España entre 1975 y 2019.

B.- Porcentaje del PIB de la región sobre el total estatal en 2019

El terrorismo de ETA provocó en este período la salida de centenares de empresas y empresarios, la deslocalización de muchos centros de decisión y la pérdida de un enorme capital humano, además de la pérdida de nuevas inversiones. Todo ello supuso la pérdida de casi el 24% del PIB. La gran mayoría de los traslados fueron a Madrid. La causa fundamental fue el terrorismo de ETA.

El peso del Producto Interior de Euskadi (PIB) de Euskadi con respecto al total de España se redujo en un 23,5%, pasando del 7,8% al 5,97% del PIB estatal total.

4.- Efectos indirectos posteriores

Incluso hay que ponderar unos efectos indirectos posteriores causados por el terrorismo de ETA: Desde 2011, tras el cese de la actividad armada, el crecimiento medio del País Vasco ha sido un 20% inferior al español y para este año el economista jefe del BBVA para España, Miguel Cardoso, estimó que el crecimiento de nuestro PIB seguiría siendo inferior al del conjunto de España. Ello significa que todavía no estamos consiguiendo mejorías económicas suficientes y si sufriendo los efectos de la larga etapa del terrorismo etarra.

5.- Resultados en nuestra idiosincrasia

Como nos lo comenta José María Calleja: "La mentalidad emprendedora, genuinamente vasca, aunque no exclusivo de esta tierra, saltó por los aires por culpa del terrorismo, los etarras impusieron el triunfo de la mediocridad, el éxtasis del gregarismo, la querencia por el calor del establo, propicio para el rebaño y que repugna al individuo libre, el rechazo y la persecución a todo aquel que destacaba o triunfaba en la vida a base de su propio esfuerzo y trabajo. Y hoy día ocupamos los últimos lugares a nivel de todo el Estado en cuanto a espíritu emprendedor".

6.- ¿Resultados estructurales?

Según numerosos estudios económicos sobre la evolución de las comunidades autónomas (1978 – 2019), Madrid se ha convertido en el motor económico de España, Cataluña y Andalucía han seguido la media del resto de España y Euskadi va cada vez a menos, habiendo sido importante económicamente en su día.

Todos estos estudios confirman el tremendo impacto, además del enorme e irrecuperable coste humano, que ETA ha causado en la economía vasca y que, a mi entender, tiene carácter estructural.

Según el libro de Jon Azúa, ya no hay violencia terrorista, pero seguimos padeciendo la influencia destructiva que nos dejó ETA. En términos relativos, entre 1978 y 2019 nuestro "stock de capital" (suma de capitales invertidos en una economía) se desplomó un 43% y el PIB un 24%.

Los efectos directos del terrorismo de ETA los podemos datar en estas cifras:

Factura de más de 25.000 millones de euros en daños causados.

Deslocalización de centenares de empresas y centros de decisión.

Pérdida de más de 35.000 empleos de calidad de alto valor añadido, en especial a Madrid.

Marcha de más de 150.000 personas desde 1976 hasta 2008.

Caída a los últimos lugares en emprendimiento.

V.5.- LAS OTRAS CONSECUENCIAS DE ETA

25.- El ser humano para los etarras

La primera urgencia que se plantea quien inicia una guerra es la de "cosificar a los enemigos", a aquellos que deben ser vencidos, asesinados y aniquilados para conseguir la victoria. Como bien nos lo explica Kepa Aulestia en su libro "Herri Batasuna, Crónica de un delirio": "A través de la espiral violenta, resulta imposible tratar al adversario si no es como enemigo, hasta poder identificarlo como víctima cosificada que representa el mal que se cierne sobre el bien que el individuo de la espiral representa. La cosificación de los otros anula su espíritu de tal manera que su desaparición poco pesa en la propia conciencia".

Y Jon Sistiaga en su obra "Purgatorio" añade: "La Organización (ETA) era buena cosificando a sus objetivos, despersonalizándolos para convertirlos en enemigos prescindibles, eliminables. Conseguían diluir su humanidad para que así el militante no tuviera problemas éticos en liquidar a un inhumano, un enemigo, un desecho".

Lo que nunca explicó "la Organización" a sus "tontos útiles", a todos aquellos que participaron en su "reconquista particular del País Vasco", es que al cosificar a los enemigos y a todos quienes no estaban de acuerdo con sus principios y reglas de juego, de forma automática se cosificaban a ellos mismos, perdiendo cuantas capacidades humanas habían heredado o en las que habían sido educados.

Todos ellos tuvieron que prescindir y anular desde ese momento sus capacidades sociales para:
- Tener espíritu crítico.
- Entender la realidad y adaptarse al cambio.
- Superación personal mediante el esfuerzo, la resiliencia y el coraje.
- Asumir responsabilidades y dirigir equipos.
- Comprender los sentimientos y emociones ajenas.

Y de la misma, cerraron sus mentes y corazones a las capacidades de:
- Agradecimiento y reciprocidad
- Lealtad
- Respeto y dignidad
- Honradez y honestidad
- Luchar contra el engaño y la mentira
- Ayudar a los demás
- Superar el resentimiento y el odio
- Amistad y empatía
- Superar el gregarismo
- Superar la agresividad y la violencia, etc.

Se convirtieron en autómatas incapaces de reflexionar y dispuestos a provocar destrozos inútiles, sin pensar ni por un momento en el dolor que eso puede generar ni en los otros seres humanos a los que alcanza la onda expansiva de sus acciones violentas. El ser humano dejaba de tener valor alguno, salvo que fuera "el nuestro" y el que aceptaba "nuestras leyes". El enemigo carecía de todo derecho por ser "algo prescindible o desechable".

Desde el punto de vista de la organización etarra la culpabilidad, la maldad, la tortura o el daño provocado es siempre solo el que lo genera el enemigo.

Y esta doctrina cosificadora también se extendió a grupos mucho más amplios del entorno de los partidos políticos afines, creando en las ciudades y pueblos verdaderos "guetos" con miradas torvas y silencios profundos provocados por el miedo y la aprensión.

26.- Las víctimas

26.1.- Víctimas totales de ETA

ETA asesinó entre 854 y 858 personas, según las distintas fuentes consultadas, cometió alrededor de 2.500 atentados, entre los que incluimos 77 secuestros, se calcula que amenazó a 42.000 personas (un 80% pequeños y medianos empresarios y profesionales) y dejó alrededor de 7.000 víctimas. También se le puede considerar como el inductor de más de 8.000 ataques de "kale borroka" (lucha callejera).

Su año más sangriento fue 1980 con 95 muertos (otras 6 fueron asesinadas por el Grapo) y más del 90% de sus víctimas totales de ETA lo fueron en democracia.

Asesinó:
- 343 ciudadanos civiles
- 206 guardias civiles
- 149 policías nacionales
- 86 militares
- 32 políticos
- 24 policías municipales
- 15 ertzainas

Quedan en la actualidad unos 315 asesinatos posteriores a la amnistía de 1977, además de 63 anteriores sin resolver. En el período democrático todavía casi el 40% de todos los asesinatos siguen sin aclarar, mientras que en Irlanda del Norte siguen sin resolver el 88%, en la mafia italiana el 80% y en el terrorismo corso entre el 50% y el 90%. Lo cual supone un alto nivel de eficacia de la policía española. Tres cuartas partes de los crímenes no resueltos son de los "años de plomo".

Causas de la impunidad de tantos asesinatos:

1.- La policía trabajó en aquella época en una situación muy complicada: era hostigada por ETA y tenía que dedicar recursos a su autoprotección.

2.- La amnistía fue otra causa fundamental de impunidad: hay un puñado de nombres que se repiten antes de 1977, con las manos muy manchadas y que no han pagado nada o muy poco por aquellos hechos.

3.- La huida de los autores a países americanos y africanos, sobre todo Cuba, Venezuela y Cabo verde.

4.- La vigencia del santuario francés de Iparralde en los 80.

5.- Los 181 casos resueltos policialmente pero no judicialmente, de los que 78 llegaron incluso a juicio y en 50 se acusó a los autores, pero fueron absueltos o condenados por otros delitos como colaboradores.

6.- La muerte de los autores en tiroteos con la policía o en explosiones impidió esclarecer 59 casos.

26.2.- Círculos de víctimas

Según mi criterio, podemos definir hasta nueve círculos concéntricos de víctimas de "la Organización ETA".

26.2.1.- Primer círculo: Los muertos por ETA y el enfrentamiento

Debemos incluir en este círculo no solo a los 854 fallecidos de un lado sino también a los cerca de 330 fallecidos entre los "miembros de ETA" y allegados (más de 15 muertos en accidentes) de quienes fueron considerados como victimarios y que yo valoro como "verdaderas víctimas" de los "responsables reales" que desde su púlpito (casi siempre oculto) les adoctrinaron y convencieron para participar en la "carnicería" que ha supuesto tanto dolor a Euskal Herría y a otras muchas, muchísimas personas. Habría que sumar los que sufrieron daños físicos o psíquicos irreparables.

26.2.2.- Segundo círculo: Familiares y allegados de las víctimas

Ampliando el primer círculo, el sufrimiento causado a "todos" los allegados y familiares de todas las víctimas. Todas las víctimas y personas damnificadas de ambas partes de este conflicto deben ser consideradas del mismo nivel, es decir, perjudicadas por una loca dinámica dirigida por aquellos pocos que de ella buscaban algún tipo de beneficio.

Pero, según mi criterio, quienes aún salen en manifestaciones en defensa de los derechos de los presos son quienes también deben ser reeducados en esta materia, hasta convencerles de que todos los seres humanos somos dignos del mismo respeto y dignidad. Quienes fueron "cosificados" en aras del interés y egoísmo de unos pocos, fueran de un lado o del otro, deben volver a ser humanizados en las capacidades que les fueron arrebatadas. Y siempre el primer paso es intentar ponernos en la posición del "otro" para comprenderle.

26.2.3.- Tercer círculo: Los secuestrados y sus familias

Duro fue el tránsito de esta andadura tanto para quienes fueron secuestrados por ETA y sus familias, como para quienes lo fueron por la policía española y sus familias, así como por los grupos de extrema derecha amparados y pagados con dinero del Estado español. No fueron más dignas de respeto las acciones de unos y de otros, aunque por los medios se tienda a recordar con más asiduidad a unos y no a otros.

26.2.4.- Cuarto círculo: Los extorsionados y sus familiares

Se calcula que superaron el número de 10.000 personas, en su inmensa mayoría empresarios y profesionales. Mi propia experiencia me recuerda "esos larguísimos años" de incertidumbre y miedo. Nada me consuela que fuéramos tantos los amenazados por la extorsión, porque cada uno de nosotros éramos una familia y cada familia debía asimilar el sufrimiento en su relativa soledad. Fue duro, muy duro.

¿Cuántos tuvieron que cerrar? ¿Cuántos tuvieron que marcharse? ¿Cuántos lloraron en silencio a pesar de ser personas que amaban a Euskal Herria" tanto o más que quienes decían luchar por ella y a la que tanto perjudicaron?

Como nos lo expone Ofa Bezunartea, acusados de antinacionalistas y traidores a Euskadi, los amenazados se vieron obligados a adaptarse a la fuerza y a resignarse al síndrome del apestado o aislamiento social al que se vieron expuestos, incluso en ocasiones como "enemigos del pueblo".

26.2.5.- Quinto círculo: Los dañados indirectamente por "kale borroka"

Fueron miles los pequeños empresarios que sufrieron en silencio y con angustia no solo los daños directos, sino también los fuertísimos daños indirectos de pérdida de clientela, de las amenazas, de los carteles, y de falsas acusaciones.

26.2.6.- Sexto círculo: Las víctimas obligadas a exiliarse

Es difícil calcular cuántas han sido las personas que se vieron obligadas a exiliarse de Euskal Herría a otros lugares. Se calcula que superó la cifra de 150.000.

26.2.7.- Séptimo círculo: Los "tontos útiles"

Así prefiero denominar a los miles de jóvenes vascos que se dejaron emborrachar por "los salvadores de Euskal Herria", "los propagandistas del País Vasco ideal donde todos tendríamos un futuro feliz" y que participaron "en la lucha" arriesgando sus vidas y perdiendo para siempre su propia humanidad, al menos en la mayoría de los casos, aunque una parte de ellos fueron capaces de recuperarla y de volver a vivir con dignidad. Yo tuve la suerte, como ya he expuesto, de que la tentación de unirme a su causa me fue presentada cuando ya tenía 22 o 23 años y supe esquivarla, pero muchos jóvenes cercanos algo más inmaduros cayeron en la red.

También los etarras eran víctimas de su ideología exterminadora. Nada bueno puede salir de la violencia y la muerte. Nada ético y honesto puede crecer y florecer cuando lo riegas con sangre, cuando necesitas matar para convencer. Y entre ellos están:

- Los que "murieron por la causa".
- Los exiliados, que vagabundean en su mayoría por países americanos con su sueño de volver algún día a "su casa".
- Los encarcelados: que han sufrido o siguen sufriendo larguísimos años de cárcel por las acciones cometidas y que ahora pueden valorar si mereció la pena, lo que aumentará su sufrimiento.
- Los que "dejaron de vivir" en vida, arrepentidos o no, pero cuya juventud se perdió y en la mayoría de los casos también su madurez en cárceles, exilios, soledad y preguntas sin respuesta, en la vacía búsqueda de los porqués, etc.

26.2.8.- Octavo círculo: Los familiares de los "tontos útiles"

A todo el daño causado hemos de añadir a tantas familias, tantos niños, tanta vida dedicada inútilmente a "reparar lo irreparable", a los muertos en la carretera, a los que se han transformado por amor al etarra en "manifestantes necesarios de la causa", a los que han sufrido en silencio, aunque no estuvieran de acuerdo con el familiar, etc.

26.2.9.- Círculo máximo: Toda la sociedad vasca (y buena parte de la española)

A lo largo de todo este ensayo intento mostrar el inmenso daño causado por ETA a una Euskal Herria sometida a la intimidación de los violentos con reacciones a veces dignas, en otras de sumisión e incluso en otras de perversión de los propios valores. Euskal Herría se transformó en una "sociedad cobarde" a causa de la angustia y malestar sufridos durante demasiados años, donde los que se creían valientes en realidad eran simples marionetas movidas por unos pocos que las transformaron en peleles sin cerebro y sin corazón.

Es comprensible si lo comparamos con la Alemania de Hitler, la URSS de Stalin, la Rusia de Putin, etc. donde los no afectos fueron o son maltratados y solo los adictos reciben recompensas. El pueblo, siempre gregario y dispuesto a sacrificar su libertad de pensamiento y expresión en aras de su seguridad, se vuelve dócil y manejable, temeroso y frágil y, de esta forma, "ayuda a la causa" de quienes usan de la fuerza y el terror para imponer sus criterios.

¿Cuántos miles de vascos aceptaron a ETA por miedo y nunca se atrevieron a enfrentarse a quienes decían ser sus representantes?

¿Cuántos miles de ciudadanos se acobardaron hasta agachar sus cabezas y aceptar sin reflexión pensamientos y criterios fascistas dominantes por miedo a ETA y a sus vasallos?

¿Cuántos iban e incluso siguen asistiendo en la actualidad, a "manifas" solo para ser identificados como adeptos a una forma de pensar, aunque no necesariamente fuera la suya?

¿Cuántos se juntaron al grupo dominante y gritón de las tabernas solo por cubrirse y no parecer del otro lado para no ser "fichados" por los espías de ETA?

¿Cuántos de entre todos estos en el año 2025 siguen sin reflexionar y sin atreverse a salir de su círculo vicioso por no reconocer que se equivocaron? ¿Por qué sigues siendo tan cobardes cuando ya ha pasado la marea?

26.3.- Los victimarios

Preguntémonos una y cien veces quiénes fueron y por qué. Al igual que no considero a los soldados rusos como responsables de la guerra de Rusia con Ucrania, tampoco puedo considerar a los "tontos útiles" de ETA como responsables últimos del daño causado. Solamente podemos inculparles de su parte de responsabilidad (por su estúpida aceptación sin las debida crítica y exceso de buena voluntad) en la entrada en una organización terrorista que les deshumanizó y reconvirtió en seres autómatas sin sentido de la dignidad humana. Pero no es de extrañar: es lo que pasa en todas las guerras y sectas.

Ellos fueron los ejecutores directos, pero, como ya he expuesto con anterioridad, todavía los verdaderos responsables, los teóricos, los intelectuales, los animadores o, al menos, parte de ellos ni han sido capturados ni los conocemos.

Necesitamos respuestas.

26.4.- Quejas de las víctimas de ETA

Se dirigen mucho más hacia el abandono por parte de los gobiernos de España. Como nos lo comenta Fernando Arámburu: "Ninguna abrigaba la intención de vivir el resto de su vida siendo principalmente víctima, nada más que víctima; por la tarde víctima, por la mañana víctima y por la noche víctima. Molestamos, no te puedes figurar cuánto. Sin embargo, a mí me mataron hace mucho tiempo y desde entonces no he sido más que un fantasma o, como mucho, media persona".

Según Innerarity, "los que han perdido la batalla han sido fundamentalmente las víctimas, que, por dignidad, no han respondido de la misma manera ante la agresividad unilateral de ETA".

Según Joseba Eceolaza "las víctimas son las portadoras de una voz que merece la pena escucharse sin cortocircuitos porque son un instrumento implacable para la verdad, un descargo para la propia víctima y un recordatorio para la sociedad, que evite errores futuros".

Tengámoslo en cuenta: las víctimas de ETA son las perdedoras por excelencia, las que siempre seguirán siéndolo, las que necesitan ser reconocidas y valoradas y, sobre todo, ser aceptadas en nuestra sociedad como personas plenas por todos y, en especial, por quienes fueron causantes de su actual situación y de todos aquellos que les ayudaron.

26.5.- ¿Por qué mataron a ertzainas?

26.5.1.- La Ertzaintza

Es la policía vasca creada en 1982 en desarrollo del Estatuto Vasco. Es una de las cuatro fuerzas y cuerpos de seguridad españoles de carácter autonómico, junto a los Mozos de Escuadra catalanes, la Policía foral Navarra y la Policía canaria.

Actualmente tiene la consideración de "policía integral" del País Vasco y es titular de todas las competencias en materia de orden público, seguridad ciudadana, tráfico, juego y espectáculos de la autonomía vasca.

26.5.2.- Ertzaintza & ETA

La Ertzaintza, por muy vasca que sea, no deja de ser una policía integral y no podía permitir que ETA, como cualquier otra organización o simple persona, incumpliera las normas de ciudadanía. ETA pronto mostró con la Ertzaintza la misma actitud que hasta 1982 había tenido con las demás fuerzas policiales, ya que se atrevía a denunciar e intentar controlar las actitudes mafiosas de la banda. Y empezaron los atentados.

26.5.3.- Los hechos

ETA asesinó a 15 ertzainas y otros 63 resultaron heridos. La policía autonómica sufrió unos 600 ataques y campañas de desligitimación para que la parte de la sociedad vasca que apoyaba la violencia asumiera que los ertzainas también eran su objetivo.

Los 15 ertzainas asesinados por ETA:

Nombre	Fecha	Lugar	circunstancias
Carlos Díaz Arcocha	1985	Vitoria	Superintendente
Genaro García de Andoain	1986	Ubidea	Delegado General
Juan José Pacheco Cano	1988	Legazpi	Agente
Luís Hortelano García	1989	Bilbao	Jefe desactivación de explosivos
Alfonso Mentxaka Lejona	1991	Bilbao	Atacado por un comando de ETA
Joseba Goikoetxea Asla	1993	Bilbao	Militante del PNV y responsable
José Luís González Villanueva	1995	Isasondo	Asesinado con escopeta de caza
Ignacio Mendiluce Etxeberri	1995	Isasondo	Junto al anterior
Ramón Doral Trabadelo	1996	Irún	Exjefe de la lucha antiterrorista
Txema Aguirre Larraona	1997	Bilbao	Evitó atentado Guggenheim
Jorge Díez Elorza	2000	Vitoria	Escolta de Fernando Buesa
Iñaki Totorika Vega	2001	Hernani	Víctima de coche bomba
Mikel Uribe Aurkia	2001	Leaburu	Asesinado cuando iba a cenar
Ana Isabel Aróstegui	2001	Beasain	Única mujer asesinada
Javier Mijangos	2001	Beasain	Asesinado junto a Ana

27.- La herencia de ETA

27.1.- La herida dejada por ETA en Euskal Herría: la imagen interna

Como nos comenta Joseba Eceolaza: "La herida dejada por ETA estará presente en nuestras vidas, hagamos lo que hagamos. Es un baldón que arrastraremos varias generaciones. La violencia es un drama colectivo porque condiciona a la sociedad que la habita y es el momento de reconstruir el tejido social dañado. La armonía social no puede construirse sobre la base del olvido, ni con prisa por pasar página cuanto antes. Además, siempre queda pendiente cómo rescatar para la paz a aquellas personas y colectivos que han ejercido la violencia o la han aplaudido, que es algo más que lograr su simple participación institucional".

Lo que tenemos que conseguir es que esas personas no solamente reconozcan el daño causado de palabra, sino que además también reconozcan que sus actos fueron equivocados y que nunca debieron llevarse a cabo. Este es el paso quizás más difícil, el de admitir el inmenso error propio de haberse equivocado, de haber sido utilizados como "tontos útiles" ante sus antiguos compañeros de viaje y ante todos aquellos quienes todavía consideran que ETA tuvo sentido y que sus integrantes fueron héroes porque fueron capaces de arriesgar sus vidas.

Y lo que le sucedió a la inmensa mayoría de los etarras, manipulados y dirigidos como muñecos, es que no reflexionaron sobre los valores que les fueron transmitidos por sus jefes y atrofiaron sus mentes que fueron disecadas e inutilizadas para el pensamiento crítico.

No es cuestión de olvidar a los presos ni a los exiliados, pero tampoco de glorificarlos ya que, en su ignorancia, estupidez o gregarismo, ellos tomaron parte en el daño causado: supone una disonancia que estropea el camino hacia una convivencia real y sana. Queda un largo camino por recorrer

27.2.- La imagen externa de Euskal Herría

Jon Sistiaga nos comenta: "Estoy cabreado porque la gente piense que somos así, que vamos por ahí secuestrando a la gente como vulgares mafiosos, matando, poniendo bombas. ¡Pero si nadie quiere invertir aquí! Estoy cabreado porque los vascos siempre hemos tenido fama de buena gente, de trabajadores y solidarios. Y ahora hemos normalizado el delito con la excusa de que es por la patria. ¡Vaya mierda de patria construida sobre el dolor!" Ya he expuesto lo que me ocurrió en Chile.

¡La ventaja estratégica que tenemos es que solo podemos mejorar a partir de nuestra actual postración!

Tenemos mucho que hacer, un largo camino por recorrer, empezando por limpiar nuestra propia casa. Debemos hablar, discutir, reflexionar sobre este turbio pasado, pensar siempre en positivo y buscar un futuro mejor para todos.

27.3.- La memoria democrática

Estoy totalmente de acuerdo con Joseba Eceolaza cuando nos comenta: "La memoria es una causa por la que pocas personas están dispuestas a dar la batalla, pero que afectará a mucha gente durante muchos años. Hagámoslo bien para cuando llegue el tiempo en el que ya nadie pueda decir "yo estuve allí".

Hagamos un poco de historia: El secuestro y posterior asesinato a manos de ETA de Miguel Ángel Blanco, concejal del PP de la localidad vizcaína de Ermua entre los días 10 y 12 de julio de 1997 generó un movimiento cívico espontaneo que se materializó en manifestaciones en todo España como expresión de solidaridad con el secuestrado en primer lugar y, por extensión, con todas las víctimas de ETA.

El término "espíritu de Ermua" fue acuñado por el periódico ABC, pero este movimiento supuso un punto de inflexión en la percepción que la sociedad española tenía de la actitud de la sociedad vasca ante el grupo terrorista, que pareció pasar de creerla "proetarra" a verla manifestarse y mostrar un sentimiento social multitudinario de rechazo al terrorismo. A partir de entonces las organizaciones y las expresiones en contra de la violencia aumentaron exponencialmente en Euskal Herria.

El espíritu de Ermua también provocó que algunos etarras, quizá por primera vez en su historia, se vieran a sí mismos como asesinos y no como abnegados idealistas. Aquellas inmensas movilizaciones sirvieron para sacudir algunos cerebros dentro del submundo violento. La violencia terrorista se había convertido en un enemigo político para el nacionalismo gracias a la movilización de los vascos. Y los que apoyaban la violencia empezaban a notar, gracias a la reacción ciudadana, que seguir matando ya no era rentable para sus fines.

Pero la mirada hacia atrás debe llevarse a cabo con honestidad y sin ánimo de justificación o de revisión de la dura realidad. En las sociedades que han experimentado situaciones de violencia, es fundamental el compromiso con la memoria democrática. No son admisibles los revisionismos que edulcoran esos pasados, sea el franquista, sea el etarra.

Necesitamos construir una cultura de la memoria que nos ayude a cerrar las heridas del terrorismo de la mejor manera, sin atajos, sin correr, sin dejar tareas pendientes, sin caer en la tentación de la compensación de daños, sin poner en marcha un relato para neutralizar otro, sin caer en la trampa de la teoría del empate, sin que se imponga un relativismo inmoral, sin caer en la sensación ficticia de que una vez que ETA dejó de matar, sus consecuencias ya están superadas.

LR Aizpeolea nos recuerda que el principal reto o riesgo del post terrorismo para evitar una repetición de la historia es la ausencia de una memoria compartida, cuya primera responsabilidad recae en Sortu y EH Bildu, cuya autocrítica por su pasada complicidad con ETA sigue pendiente. Sortu y HB Bildu admiten genéricamente que el terrorismo no debió existir, aunque nunca han admitido que ETA fuera una organización terrorista y tampoco han admitido que después de la amnistía de 1977 ETA no tuvo justificación alguna, porque en democracia pueden dirimirse los conflictos políticos sin necesidad de la violencia.

G. Fernández Soldevilla en su artículo de El Correo de 16.11.2023, nos comenta que los exmiembros de ETA, si de verdad quieren redimirse y resarcir a las víctimas y a la sociedad en la que viven, tienen la obligación cívica de hacer algo más que cumplir sus penas. Han de poner de su parte. Por supuesto, no es sencillo. Requiere coraje. Muchos de ellos ingresaron en partidos democráticos y pagaron un alto precio: la incomprensión y la hostilidad de quienes fueron sus compañeros.

La participación directa y solidaria mediante su propio testimonio como formadores, tanto de exetarras, personas victimarias que no solo renieguen de su pasado, sino que también quieran cumplir una función social, como de las víctimas reales podría funcionar como poderoso antídoto contra el racismo y los discursos de odio.

En un experimento con 225 universitarios, cuando se les expusieron cinco historias de damnificados de la banda ETA, los alumnos mostraron más rechazo al terrorismo y mayor tristeza, compasión y empatía hacia las víctimas. Pero se detectó un perfil minoritario de estudiantes que creían que el fin justifica los medios sangrientos con ausencia de solidaridad con las víctimas.

DESDE AQUÍ ANIMO A QUIENES QUIERAN PARTICIPAR EN ESTE PROYECTO Y OFREZCO MI COMPAÑÍA.

Estamos siempre a tiempo de intentar mejorar nuestra convivencia, respetando la dignidad de todas y cada una de las personas.

"Haz por los demás lo que quisieras que hicieran por ti"

CONFUCIO

VI.- HERRI BATASUNA y sus nombres

1.- Definición

Es una coalición política surgida en 1977 en Euskal Herría y considerada durante mucho tiempo el brazo político de ETA. Como ya hemos explicado, ETA (m) apoyó la creación de una coalición política HB (Herri Batasuna) controlada de forma mayoritaria consiguiendo expulsar de la misma a los críticos con la organización. Se definió como izquierda abertzale y su objetivo principal era la independencia y el socialismo en Euskal Herría. Se registró como partido político en 1986 y cambió de nombre en 2001, cuando se refundó en Batasuna, nuevo partido al que pasaron la mayoría de sus miembros, mientras que la corriente crítica ARALAR decidió fundar su propio partido. En la actualidad sus antiguos miembros forman parte de la coalición Euskal Herritarrok Bildu (EH Bildu)

Kepa Aulestia nos define como características propias de HB:
- Siempre parece estar en sus albores.
- Muestra una naturaleza marcadamente populista.
- Mantiene una sólida cohesión interna.
- Funcionaba como una realidad desdoblada respecto a ETA, mientras esta organización funcionaba.

2.- Estructura de funcionamiento

Se basa en Juntas de Apoyo Locales, estando por encima de éstas las asambleas de cada Herrialde (territorio). Las decisiones las tomaba la conocida como MESA NACIONAL, compuesta a su fundación por 31 miembros, cuatro por cada partido de la coalición en ese momento y 15 designados por las Juntas Locales, si bien las bases del partido podían revocar y sustituir a sus componentes.

3.- Sus propuestas políticas en el siglo XX

Su programa defendió durante años la Alternativa KAS, propuesta por ETA, para la independencia de Euskal Herría sin admitir posibilidades reformistas o intermedias. Rechazó siempre la Constitución española, el Estatuto de Autonomía del País Vasco y el Amejoramiento del Fuero de Navarra. También se opuso a la permanencia de España en la OTAN en 1986 y en las elecciones de 1996 cambió la Alternativa KAS por la denominada Alternativa Democrática que, igualmente, había sido propuesta por ETA.

4.- Año 1977

Entre los diversos grupos de la coalición hubo diferentes actitudes ante las elecciones democráticas del 15.06.1977, presentándose a ellas cuatro de los partidos de la coalición (ESB, ANV, ESEI y Euskadiko Ezkerra). Sus consecuencias fueron diversas: El distanciamiento entre ETA (m) que apoyaba la postura abstencionista y ETA (pm) que apoyaba el proceso electoral, una escasa representación electoral obtenida por los partidos participantes y el fracaso de los que propugnaron la abstención, similar a las demás regiones españolas.

En el verano de 1977 se organizó la primera gran marcha: miles de personas en cuatro columnas que recorrieron las tierras vascas confluyeron en Pamplona el 28.08.77. Podría considerarse el primer paso fundacional de HB. A iniciativa del veterano nacionalista Telesforo de Monzón se constituyó la Mesa de Alsasua el 24.10.1977 entre cinco grupos políticos de la izquierda abertzale con los siguientes acuerdos:

1.- Concurrir unida toda la izquierda abertzale a las elecciones municipales como alternativa nacional y de clase.

2.- Dar carácter duradero a esta alianza y hacerla extensiva a otras.

3.- No aceptar ningún régimen que dejara de lado a Navarra.

4.- Elaborar la Alternativa KAS con los siguientes puntos: democratización de las instituciones, legalización de todos los partidos, la no separación de Navarra y mejoras sociales de base popular.

5.- Objetivo de HB: una Alianza libre, reunificada, socialista y euskaldún.

5.- Año 1978

La Mesa de Alsasua adoptó el 27.04.78 el nombre de Herri Batasuna (HB) y derivó en una coalición de partidos abertzales de izquierdas, a los que el 19.10 se les uniría una Junta de Apoyo formada por Telesforo Monzón y otras personalidades sociales y políticas. HB demostró una capacidad extraordinaria para multiplicar su presencia y diversificar sus organismos e iniciativas populares hasta dar con una lista imposible de inventariar.

Poco a poco, toda reivindicación, iniciativa, conflicto o asociacionismo popular se fue encontrando con personas de la izquierda abertzale rupturista en todos los pueblos y ciudades de Euskal Herria, llegando a controlarlas en la práctica. HB constituye quizá una de las formaciones políticas que condensan en si muchas de las virtudes y defectos de la sociedad vasca y más en concreto de las generaciones políticas que salen después de tantos años de actividades armadas y violentas.

HB es una mezcla curiosa del "modo guerrero de entender la política" y de la vieja obsesión vasca de que por encima de las apreciaciones de clase y política está el sentimiento vasco. Los vascos hacen patria, no política. Esta idea ha enraizado en buena parte de la sociedad vasca y en posiciones radicales. El secreto de su éxito está en haber sabido aglutinar a una serie de personalidades sociales y políticas (Telesforo Monzón, Jokin Gorostidi, Elcoro, Iríbar) que le dan un carácter de movimiento social más que de coalición política.

El año 1978 la izquierda abertzale se dividió en dos sectores diferenciados: Herri Batasuna (HB) y Euskadiko Ezkerra (EE), con un trasvase de militantes entre ambas coaliciones que duraría años, según posturas adoptadas por cada una de ellas en cada momento. Finalmente, sería HB la que se haría con el control de la mayoría de las organizaciones y personas de la izquierda abertzale e incluso de los medios como EGIN o la revista "Punto y Hora". Mientras que EE contaba con el apoyo de ETA (pm), HB contaba con el de ETA (m), sin que ninguna de las dos condenara sus acciones terroristas.

En el Referéndum para ratificar la Constitución española del 6 de diciembre de 1978, la mayoría de los votantes vascos se abstuvieron (55,35%).

6.- Año 1979

HB decidió participar en las elecciones en 1979, pero sin tomar posesión de los escaños salvo en los ayuntamientos. HB obtuvo 172.110 votos y un mes más tarde 165.000 votos en las municipales y 260 concejales. En esta época empiezan a darse las primeras acciones policiales contra HB por su colaboración con ETA. HB valoró las primeras elecciones como prueba que venía a demostrar que "esto no era una democracia, esto era una dictadura encubierta". Entonces HB, como ahora su líder Arnaldo Otegi, nunca han aceptado la situación política española de las primeras elecciones posfranquistas como una democracia real, ya que ello deslegitimaría la lucha etarra. ¿Qué otros argumentos pueden aducir siendo la representación política de ETA?

¡Y con total hipocresía reclaman DEMOCRACIA!

La alternativa de HB en 1979 rezaba así:
1.- Amnistía: liberación de todos los presos políticos vascos, es decir, todos los etarras encarcelados.

2.- Libertades democráticas: legalización de todos los partidos independentistas vascos, sin rebajar sus estatutos.

3.- Mejora de las condiciones de vida y trabajo de la clase obrera.

4.- Estatuto de Autonomía con los siguientes requisitos:

- Entrada en vigor en las 4 regiones vascas.
- Reconocimiento de la soberanía nacional de Euskadi.
- Las fuerzas armadas controladas por el Gobierno Vasco.
- Poderes suficientes para el pueblo vasco.
- El euskera, lengua oficial y prioritaria en Euskadi.

HB, como amalgama unificadora, ofreció su apoyo a la rama "militar" de ETA, cuyo peso sobre HB era obvio. El 6 de mayo de 1979 se fundó "Jarrai" (continuar en euskera) para funcionar como principal referencia del movimiento juvenil vasco adscrito a HB, que reivindicaba los objetivos de independencia, socialismo, integridad territorial y euskera, además del derecho a la vivienda y a un trabajo digno.

Los jóvenes de Jarrai participaron durante muchos años en la "kale borroka", siendo declarada organización terrorista el 19.01.07 por el Tribunal Supremo español. Para la lucha revolucionaria de JARRAI era importante acumular todas las luchas que se diesen en los distintos sectores de actividad política, social y juvenil.

¿Qué es lo que globalizaba y totalizaba las distintas manifestaciones de reivindicación? Todas pendían de la misma percha: el conflicto y la presencia simbólica de ETA y el victimismo constante de sus presos como demostración del carácter unitario y absoluto del conflicto, todo se reducía a ser consecuencia de un problema no resuelto. Incluso los problemas que surgían "ex novo" como el euskera, la defensa del medio ambiente, el paro, la libertad de expresión, el feminismo, etc., es decir, el problema vasco.

Tal como nos lo expone Kepa Aulestia, todo era posible menos poner en cuestión los fundamentos doctrinarios de la existencia de la izquierda abertzale como emanación de un conflicto sublimado a través de la existencia de quien mejor encarna su verdad: ETA. Y los presos se convirtieron para HB en la plasmación más expresiva de la auténtica situación que vivía Euskal Herria, presa y secuestrada en manos de los Estados español y francés.

HB se reducía a ser un aprendiz absolutamente entregado a las ordenes del maestro ETA y a ser la base formadora de la nueva militancia etarra.

7.- Años 80

LAIA y ESB abandonaron la coalición HB aduciendo el carácter preponderante de la Alternativa Kas, lo que para muchos historiadores significó que ETA militar habría tomado el control de la coalición HB, marginando a los partidos políticos que la habían creado.

Su visión de estrategia rupturista (mediados de los 80) llevó a HB a negar la vía de las reformas, que pasaba por el reconocimiento de la Constitución y del Estatuto de Autonomía que, según su criterio, no aportaban nada, considerándolas como la vía de la traición, del compromiso y de la colaboración con el Gobierno Español, que desembocaba necesariamente, según ellos, en un regionalismo y se adaptaba a la dictadura aún vigente. Todos estos planteamientos teóricos estaban siempre dirigidos u orientados de forma exclusiva a justificar la organización ETA.

HB se convirtió durante la década de los 80 en el partido referente de la izquierda abertzale. En las elecciones de 1987 HB consiguió su techo electoral con 367.000 votos en toda España (251.000 en el País Vasco y Navarra) y consiguió un escaño en el parlamento europeo para su cabeza de lista Txema Montero. En Navarra obtuvo 38.111 votos aupándose en el tercer partido político, tras PSN y UPN. Es sorprendente que también fueran estos años los de una fuertísima actividad terrorista por parte de ETA.

En 1988 todas las formaciones políticas con representación parlamentaria, a excepción de HB, suscribieron el PACTO DE AJURIA

ENEA por la paz y contra el terrorismo, lo que trajo consigo tratar de deslegitimar a HB y frenar su auge electoral.

8.- Años 90

8.1.- Ponencia Oldartzen

Como ya hemos expuesto con anterioridad, supuso la culminación del proceso Berrikuntza (renovación) de 1991. El fracaso de las negociaciones de Argel, el estancamiento electoral de HB, los problemas de reclutamiento de ETA, el aislamiento político por el Pacto de Ajuria Enea y la caída de la cúpula de ETA en Bidart en 1992 influyeron decisivamente para que la izquierda abertzale (entonces llamada Herri Batasuna) decidiese pasar a la ofensiva.

La ponencia Oldartzen fue votada por unos 5.223 militantes de Herri Batasuna y fue apoyada por el 71,23%. Es el origen de una estrategia que más tarde llevó a su ilegalización, ya que apoyaba una estrategia equivalente de ETA, en la socialización del dolor y del sufrimiento.

8.2.- Socialización del dolor y el sufrimiento

La Izquierda Abertzale extendió sus tentáculos de control sobre la base del movimiento creando de forma deliberada una serie de grupos de kale borroka como medio de aligerar las labores de ETA y de socializar la violencia hasta el último rincón de Euskal Herría.

Para 1995 la izquierda abertzale había decidido resolver sus contradicciones con la ponencia Oldartzen, un cambio de estrategia consistente en la socialización del dolor y del sufrimiento, tanto desde ETA como desde la izquierda abertzale.

8.3.- Las directrices

Ya estaban tomadas cuando KAS decidió plantear el debate sobre Oldartzen (en castellano, embestir, arremeter), sirvió como nos lo expone Imanol Lizarralde, a la sazón militante de EA, para:

1.- La purga de elementos discordantes de las filas abertzales.

2.- La defensa ciega de las acciones más duras y crueles de ETA.

3.- El control total de la izquierda abertzale.

4.- El cierre de la opción para que los etarras encarcelados buscasen soluciones personales

Muchos militantes de Batasuna que no estábamos de acuerdo fuimos tachados de traidores y rechazados totalmente, rompiendo cuadrillas y negando hasta el saludo.

8.4.- La "kale borroka"

Se quería imponer una especie de ley contraria a la legalidad apoyada en la amenaza y la coacción mediante los siguientes recursos:

a.- Las turbas batasunas atacaban las contramanifestaciones y suscitaban disturbios callejeros, para después apoyarse en ellos para criticar al Estado y las policías.

b.- Se atacaba alkartetxes de EA y batxokis del PNV, así como se llevaban a cabo concentraciones domiciliarias delante de cargos públicos, procediéndose incluso a la exclusión social, bullying, persecuciones y agresiones físicas directas de sus afiliados.

c.- Tenían lugar amenazas de muerte a sus afiliados del PSOE y el PP y se trataba de hacerles la vida imposible

d.- Se obligaba a los comercios y pequeños negocios a cerrar en determinadas fechas y a los incumplidores se les señalaba, marcaba con pintura y rompía los cristales, además de obligarles a pagar para la bolsa de los presos.

e.- Las agresiones eran permanentes a cualquiera que fuera por la calle con el lazo azul, se manifestara en grupos pacifistas o contra ETA.

8.5.- Una nueva generación de jóvenes

Fueron preparados para la "kale borroka" para más tarde engrosar las filas de ETA, recorriendo nuestras calles robando, quemando, destruyendo y agrediendo. (sufrimendua banandu, socializar el sufrimiento). Y esto ocurría cuando ya la "guerra sucia" del Estado había finalizado y la represión era menor que nunca.

8.6.- Nueva generación de dirigentes

Con la aplicación de la Ponencia Oldartzen surgió una nueva generación de dirigentes como Arnaldo Otegi y Joseba Permach en la Mesa Nacional de HB, David Pla, quien pasó de Jarrai (organización juvenil de la izquierda abertzale) a la jefatura de ETA o Eneko Compains. Todos ellos son ahora figuras relevantes de la esfera política.

Así pues, los responsables intelectuales y materiales de Oldartzen se encuentran entre nosotros y nada dicen acerca de ese pasado. ¿Para cuando la crítica y autocrítica?.

8.7.-Otegi y ETA en 1997

Las menciones de Otegi en 1997 a la necesidad de una "segunda transición" nos recuerdan a Argala. Claramente se percibe una formal toma de distancias entre HB y ETA, en la que parece que ésta última renuncia a intervenir directamente en la política y opta por erigirse en guardiana y fiscalizadora. Pero debemos tener en cuenta que esa actitud, real o aparente de Otegi, coincidió en el tiempo con la ponencia Oldartzen de socialización del dolor y el sufrimiento dirigida por Otegi y aprobada "democráticamente" por los militantes de EH Bildu.

El Tribunal Supremo dictó el 29.11.1997 sentencia condenatoria contra la mesa nacional de HB por ceder su espacio electoral a ETA en las elecciones de 1996. Por orden del juez Baltasar Garzón se cerró el periódico "Egin".

8.8.- Banalización de la muerte

El 10.12.1995 el miembro de Jarrai Mikel Otegi, que regresaba a Itsasondo, disparándoles a bocajarro cuando acudían a identificarle tras un incidente de tráfico. HB aseguró entonces que respaldaría al asesino y dijo que los policías eran víctimas "de la política de Atutxa" El actual coordinador general de EH Bildu Arnaldo Otegi encabezó los ataques contra el consejero de Interior del Gobierno Vasco Juan Mary Atutxa.

El 11 de noviembre de 2016 Arnaldo Otegi comparaba los asesinatos de ETA con las actuaciones de la Ertzaintza a la que acusaba de haber matado a seis personas, cuatro en enfrentamientos directos con militantes etarras, Rosa Zarra (quien falleció por muerte natural según los informes forenses) e Íñigo Cabacas, por un pelotazo de la ertzaintza en la reyerta generada después de un partido de futbol en Bilbao.

Hemos de recordarle que la primera mujer ertzaina asesinada por la espalda y rematada en el suelo a sangre fría por ETA, junto a su compañero mientras estaban regulando el tráfico en Beasain en el año 2001, fue Ana Isabel Aróstegui, madre de tres hijos. En total fueron asesinados 15 ertzainas y siempre a traición con bombas bajo los coches o disparos por la espalda. **Y Arnaldo Otegi equipara los asesinatos por la espalda de ETA con lo expuesto. No me extraña que Arnaldo Otegi jamás haya mencionado los "derechos humanos" y también nos demuestra quién es quién y cómo es cada cual.**

8.9.- Judicialización de HB

El juez Baltasar Garzón de la Audiencia Nacional ordenó en 1997 la detención de los 23 miembros de la Mesa Nacional de HB por su colaboración con banda armada, siendo condenados a siete años de cárcel cada uno de ellos por el Tribunal Supremo. Se formó otra nueva Mesa Nacional cambiando todos sus miembros. La sentencia sería anulada posteriormente por el Tribunal Constitucional "debido a la falta de proporción de la pena legalmente provista".

8.10.- Finales de siglo

Tras la tregua de ETA de 1998 HB decidió participar en las elecciones de 1998 y 1999 dentro de la plataforma electoral Euskal Herritarrok (EH) que recogía tanto a los miembros de HB como a otros grupos menores como Batzarre o Zutik. En marzo 1999 fue investido lehendakari del País Vasco Juan José Ibarretxe con el apoyo de PNV, EA y EH, llegándose a un pacto de gobierno entre las tres fuerzas.

En mayo de 1999 Euskal Herritarrok (EH) firmó un acuerdo de legislatura donde renunciaba a la vía armada en beneficio de la política reiterando su apuesta por vías exclusivamente políticas y democráticas. Sin embargo, la ruptura de la tregua por ETA supuso el fin del acuerdo parlamentario ya que EH no condenó el atentado y dejo el gobierno PNV-EA en minoría parlamentaria.

Hechos repetitivos como éstos demuestran la permanente subordinación de la formación política HB (con independencia del nombre que adopte en función de las circunstancias) de la organización terrorista ETA.

9.- Años 2001 a 2010

En 2001 Herri Batasuna (HB) se refundó en BATASUNA. Según la fiscalía española en la refundación influyó más la amenaza de ilegalización pendiente sobre HB y EH.

En 27.03.2003 fueron ilegalizadas HB, EH y Batasuna en España por el Tribunal Supremo tras considerar probado que su fundación fue un hecho instrumental por parte de la banda terrorista ETA.

Bases de su ilegalización:
- La Mesa Nacional de HB o algunos de sus miembros hablaron a favor de ETA o animaron a sus miembros a integrarse en ella.

- HB presentó como candidatos a exmiembros de ETA.
- Sus dirigentes promovieron apoyos a miembros de ETA.
- En sus manifestaciones se coreaba a ETA.
- ETA pidió el voto en varias ocasiones para HB.
- HB siempre se negó a condenar los atentados de ETA.

En el año 2009 la "izquierda abertzale" presentó en Alsasua la conocida "Declaración de Altsasu" tras un debate interno que se produjo en 254 asambleas donde participaron 6.467 personas y terminó con cuatro asambleas territoriales en Álava, Gipuzkoa, Navarra y Vizcaya.

El 14.11.2009 la Izquierda Abertzale se comprometió en Venecia a asumir los principios Mitchell (senador americano involucrado en la paz de Irlanda del Norte) y en febrero 2010 presentaron el documento "Zutik Euskal Herria" en el que se asumían dichos principios Mitchell para dar salida al conflicto vasco mediante un proceso democrático en ausencia de violencia. Consisten en seis reglas básicas que aceptaron los gobiernos de Irlanda y Gran Bretaña y los partidos políticos de Irlanda del Norte para pacificar el país:

1.- El uso de medios exclusivamente democráticos y pacíficos para resolver las cuestiones políticas.

2.- El desarme total de todas las organizaciones paramilitares.

3.- Acordar que el desarme debe ser verificable por una comisión independiente.

4.- Renunciar ellos mismos y oponerse a cualquier intento de otros a utilizar la fuerza o amenazar con utilizarla para influir en el curso o en los resultados alcanzados en las reuniones multi partitas.

5.- Comprometerse a respetar los términos de cualquier acuerdo alcanzado en las negociaciones multi partitas y a recurrir a métodos exclusivamente democráticos y pacíficos para tratar de modificar cualquier acuerdo de estos acuerdos con los que puedan estar en desacuerdo.

6.- Instar a que los asesinatos y palizas de castigo terminen y a tomar medidas eficaces para prevenir tales acciones.

En la Declaración de Pamplona del año 2010 la izquierda abertzale apeló por primera vez a ETA demandándole a la misma y al Gobierno español el cumplimiento de la "Declaración de "Euskal Herria Eskerretik" supervisado internacionalmente, para llegar a un acuerdo definitivo de cese de la violencia.

Dirigentes de EA y la izquierda abertzale firmaron en 2010 un acuerdo de bases, denominado "Lortu arte" para colaborar por la independencia de Euskal Herria mediante el diálogo multi partido basado en los "principios Mitchell" incluyendo el compromiso de renunciar al uso de la violencia.

10.- Años 2011 a 2020

El 7 de febrero de 2011 se crea el partido político "Sortu" (nacer, surgir o crear en euskera), que se adscribe a la corriente del nacionalismo vasco conocida como izquierda abertzale, siendo sus objetivos:

- Una Euskal Herría socialista, feminista y euskaldun.
- Un Estado vasco en el marco de la UE.
- Romper con el actual sistema capitalista y patriarcal.
- Construir una sociedad totalmente diferente basada en la democracia participativa.
- Cambiar la Europa basada en intereses capitalistas y hacerla mucho más humana.
- Rechazo del uso de la violencia, incluida la de la banda ETA.
- Compromiso de realizar una aportación para acabar totalmente y para siempre con la violencia de ETA.
- Cumplimiento de la Ley de Partidos y compromiso con las vías exclusivamente políticas y democráticas para sus objetivos.

Las preguntas nuestras son:

¿Qué entiende por democracia participativa? ¿Qué entienden cambiar la Europa basada en intereses capitalistas y romper con el actual sistema capitalista y patriarcal? ¿Nos hablan de democracias estilo Cuba o Venezuela?

El Tribunal Supremo acordó el 23.03.11 denegar la inscripción de Sortu como partido político, al considerar que solo perseguía la continuación de actividades de la ilegal Batasuna. Tanto EA como el PNV demandaron su legalidad para contribuir a la paz, la justicia y la reconciliación de la sociedad vasca. Pero Sortu no pudo realizar actividad alguna al no haberse registrado ni constituido como partido político.

El 13 de abril del mismo año se presentó la coalición denominada BILDU, formada por EA y la izquierda abertzale, que también fue impugnada por el Tribunal Supremo, aunque el Tribunal Constitucional revocó dicha decisión y pudo concurrir a las elecciones.

El pleno del Tribunal Constitucional del 20 de junio de 2012 aprobó por un solo voto de diferencia (seis contra cinco) la legalización de Sortu como partido político. El PP expresó su discrepancia con la sentencia, mientras el PSOE y el PNV destacaron el fallo como un paso positivo en la normalización política. Se eligió a Arnaldo Otegi como secretario general, aunque quedó vacante hasta el 1 de marzo de 2016, cuando salió de prisión.

El 17.06.2017 Otegi fue elegido coordinador general de Euskal Herria Bildu, formación en la que está integrada Sortu.

11.- Los círculos concéntricos dentro de la coalición

Kepa Aulestia en su ensayo "HB, crónica de un delirio" clasifica a los afiliados y simpatizantes de HB en círculos concéntricos:

1.- Los círculos exteriores de HB o simples simpatizantes: participan en las elecciones con su voto y asisten a las grandes manifestaciones. Leen Egin y es posible que también lo compren.

2.- Siguiente círculo interior: Participan, además, en cuantas convocatorias y concentraciones puntuales se organizan en su pueblo o barrio. La periodicidad puede llegar a ser semanal.

3.- Círculos más próximos al núcleo: el compromiso se va estrechando y la vinculación implicará una mayor entrega personal.

El vínculo establecido es solidario frente al enemigo o adversario y el encuadramiento no permite paños calientes: se está o no se está. Muchas veces el grado de fanatismo no tiene que ver con el grado de compromiso personal o con las horas de entrega militante. Es un partido antisistema que mantiene una militancia correosa con unos núcleos sociales movilizados casi diariamente, cuando no es por el acercamiento de presos, es aprendiendo euskera o acudiendo todos los fines de semana a actos reivindicativos de todo tipo, constituyendo una auténtico PARTIDO-COMUNIDAD inspirado en el modelo organizado en los años 30 por el PNV.

12.- EH Bildu y Euskal Herría: una sociedad dentro de otra

Kepa Aulestia nos lo explica: "La "estrategia de contrapoder" en una sociedad avanzada les fue alejando de cualquier posibilidad de alcanzar sus objetivos estratégicos: la independencia y el socialismo en Euskadi, pero mientras lo estaban intentando fueron descubriendo lo que en realidad es la gran conquista de la violencia etarra y de HB: la conquista de un "territorio liberado" que descansa sobre las garantías del sistema democrático y vive bajo su amparo, al tiempo que niega la existencia de tal democracia y arremeten contra dicho sistema.

Una sociedad dentro de la sociedad: miles de personas viven con naturalidad la esquizofrenia de disfrutar del sistema de libertades más amplio de Occidente, en uno de los rincones de Europa donde mejor se sabe vivir, participando al mismo tiempo del placer que les produce negar esa evidencia hasta el extremo de procurar o aplaudir el mal del adversario o enemigo. Entre nosotros, es decir, dentro de la sociedad vasca plural, existe otro tipo de gente que mantiene una visión muy personal de la vida pública. La política se ha convertido para ellos en una pasión que lo invade todo, de la cuna a la tumba y será la motivación determinante de toda su vida a la hora de:

- Poner el nombre del niño recién nacido
- Decidir a qué parvulario se le envía
- Decidir en qué modelo lingüístico se le inscribe
- Decidir qué carrera va a estudiar
- Decidir qué periódico lee
- Decidir qué radio escucha
- Decidir qué televisión ve
- Decidir qué música le gusta
- Decidir qué autores lee
- Decidir a qué países viajar de vacaciones
- Decidir en qué tipo de empresa o administración trabajar
- Decidir con qué tipo de chicos o chicas va a salir
- Decidir con quién se va a casar, etc.

Parece ser compartido por cerca de 500.000 vascos en cuyo núcleo había hasta hace muy poco tiempo un grupo de vascos y vascas que luchaban con las armas en la mano, militando en ETA, alegando que luchaban por la libertad nacional de Euskadi y la revolución socialista. Constituyen una auténtica subcultura y sub-sociedad dentro de la sociedad vasca, con su periódico, su sindicato, su organización

196

feminista, su editorial, sus grupos de danzas, sus cantantes, sus txistularis o txalapartaris e incluso su brazo armado, hasta no hace mucho.

Pero aún hoy día, en el año 2025 sigue habiendo en Euskal Herría una sociedad dentro de la sociedad: Ha sido el gran logro de HB y que se protege con una coraza social que se ha mostrado hermética ante el llamamiento de los demás vascos a la concordia. Una sociedad ve cómo en su seno germina otra sociedad basada en un sistema de valores sustentado en una permanente transgresión ideológica por la que se instaura el "derecho a tener derecho" como fórmula absoluta, ilimitada y también oportunista de entender la relación con los demás. De ahí que los derechos colectivos sean magnificados, siempre por encima de los individuales.

En ella, la insatisfacción termina convirtiéndose en patología social más que en inconformismo alternativo y ello por una razón que siempre ocultarán: PORQUE ESTÁN SATISFECHOS. Unas poderosas estructuras de encuadramiento social, de pertenencia al grupo garantizan el tránsito generacional en el seno de la espiral entendida como vivencia.

Los militantes de HB acentúan cada vez sus rasgos de comunidad autosuficiente, que ha sabido construir una sociedad aparte, pero que existe como una realidad estructurada, institucionalizada, ritualizada, reconocida y hasta legitimada en las urnas por una minoría nada insignificante de vascos. La participación constante en actos, manifestaciones y lugares comunes se convierte en parte sustancial de la "sociedad aparte".

En HB pervive el establecimiento de vínculos de compromiso con el euskera.

13.- GKS: Gazte Koordinadora Sozialista

Y últimamente a HB Bildu le ha salido un enorme grano en su hasta ahora impoluto trasero: GKS, un grupo juvenil formado por jóvenes cuyos padres siempre han pertenecido a HB y que siempre han sido educados en su propia cultura y en unas ideas de "socialismo e independencia utópicos". Estos jóvenes buscan implantar un modelo comunista puro y ya tienen el apoyo de algunos presos de la banda terrorista que se autoconsideran héroes de la antigua causa, es decir, ETA.

Proceden de "Ikasle Abertzaleak" y cuando Sortu y HB optaron por las vías políticas y por "normalizar" su situación, un sector se separó creando GKS "Gazte Koordinadora Sozialista".

Peru Iparraguirre, estudiante de filosofía y poeta, uno de sus referentes intelectuales, es hijo de Mikel Albisu "Mikel Antza" y Soledad Iparraguirre "Anboto", principales líderes de ETA durante una década. El Movimiento Socialista (MS) es una coalición de partidos cuya marca más visible es GKS y cuyo objetivo es convertir el comunismo en hegemónico. Se presentaron en el frontón de Eibar en 2023 ante 1.500 personas.

Su Hoja de Ruta: se basa en 7 cuestiones principales:

1.- El recrudecimiento de las condiciones de vida y la miseria de la clase trabajadora.

2.- La disolución de la OTAN.

3.- El autoritarismo del Estado y el fascismo.

4.- La destrucción de los ecosistemas (advirtieron de los efectos que tendrán el TAV y el Guggenheim de Urdaibai).

5.- La represión de las mujeres trabajadoras.

6.- El derecho de autodeterminación de la clase trabajadora de Euskal Herría.

7.- La amnistía de los militantes revolucionarios.

Su reparto orgánico:

1.- Los Consejos Socialistas se ocupan del control de los municipios

2.- ITAIA busca protagonismo en el ámbito feminista.

3.- Se ha constituido un Sindicato de Vivienda, etc.

Lo que al principio parecía una disputa por el control de los grupos juveniles, ha derivado en una guerra abierta en todos los niveles con HB Bildu. GKS ha demostrado su fuerza diluyendo el papel de Ernai (juventudes de Sortu) y el Movimiento Socialista (comunista) ha ido reforzando su estructura y penetrando en diferentes sectores sociales. La base ideológica en la que pesca el MS es la crítica hacia las instituciones en general, los "partidos políticos profesionales" y lo que consideran la "deriva burguesa" de EH Bildu y Sortu.

Ortodoxia comunista: El MS considera que el capitalismo ha tocado fondo y que la clase media está en descomposición. El MS defiende una Euskal Herría libre y el derecho de autodeterminación de la clase trabajadora. El MS sostiene que la sociedad socialista (comunista) más que una utopía es una opción real. Enviaron un abrazo a los compañeros que en otros territorios abren el camino socialista (comunista). Pero hace unos pocos días la mayoría de las juventudes ligadas al Partido Comunista de España decidieron romper con esta formación y abogar por la unificación comunista.

El 25.01.2025 el Movimiento Socialista GKS reunió a más de 5.000 personas en Bilbao en una manifestación contra la guerra y el fascismo, en la que arremetió contra la agenda belicista de Occidente. Una marcha llena de banderas rojas y sin ninguna ikurriña con la pretensión de hacer de la "unidad obrera" el antídoto para frenar el auge de la extrema derecha global. Se criticó el aumento del gasto militar que perjudica a los sectores más débiles de la sociedad, a la salud, la educación y los derechos sociales.

Los portavoces del movimiento revolucionario GKS Saioa Galarraga e Iker Apraiz cargaron contra el Estado burgués que, en su opinión, ha engullido a todos los partidos en el modelo de la democracia liberal, dominada por los "intereses de la cúpula empresarial y de los partidos políticos" tradicionales. La crítica fue dirigida a todos los partidos políticos, incluido EH Bildu, que creen que se ha alejado de posturas izquierdistas para asentarse en la socialdemocracia. La crítica se dirige más contra su viraje económico y social que por la cuestión nacional, que no es uno de los temas de los que hace bandera GKS. Llaman a la clase trabajadora a unirse al proyecto socialista (comunista).

VII.- EUSKAL HERRIA. MIRANDO HACIA EL FUTURO

1.- EL CAMINO HACIA EL ENTENDIMIENTO

1.1.- Sobre la idiosincrasia vasca: ¿Qué nos une?

Nos cuenta el filósofo Javier Elzo en su artículo "Español si y, de entrada, vasco", el inteligente comentario que le hizo Jordi Pujol cuando le preguntaron cuál era su nacionalidad y contestó: "Si me preguntan si Catalunya es España, respondo que Catalunya es Catalunya y, tras una sonrisa pícara, añadía que Catalunya estaba en España". Y el propio Javier Elzo nos define a Euskadi así: "Euskadi es Euskadi y está en España y en Francia". Y se define a sí mismo: Soy de Beasain, de Gipuzkoa, Vasco, Español, Francés, Europeo y Ciudadano del mundo.

Me gusta la autodefinición de Javier Elzo y me la aplico al 100% a mi mismo: "Soy de Gernika, de Bizkaia, euskaldún, español, francés, europeo y, sobre todo, ciudadano del mundo".

Sociómetro vasco en 2023:

	PNV	EH	PSE	Podemos	PP	conjunto	Conjunto
	2023	2023	2023	2023	2023	1995	2023
A	59%	90%	19%	43%	2%	46%	45%
a.1						31%	20%
a.2						15%	25%
B	38%	8%	65%	48%	63%	37%	41%
C	2%	0%	17%	14%	33%		8%
	99%	98%	101%	103%	98%	93%	94%

A.- Vasco

a.1.- solo vasco

a.2.- más vasco que español

B.- Tanto vasco como español

C.- Solo español

Entre los menores de 18 años:
- 58% en el solo vasco
- 38% tanto vasco como español
- 4% en el solo español

Una Euskadi independiente la aprueba en el año 2024 sólo el 19% de la población encuestada, otro 32% según las circunstancias y el 42% se manifiesta en desacuerdo. La demanda de independencia desde 1998 se va reduciendo entre quienes la aprueban y suben notablemente quienes la rechazan. No aparece la independencia de España como un problema ni acuciante ni inevitable, aunque si podemos considerar que el aprecio en el conjunto de España por "lo vasco" no es aún un síntoma o manifestación que se exprese con naturalidad ni consideran la mayoría de los españoles el idioma vasco como "un valor, una riqueza" del conjunto del Estado.

Están cambiando las antiguas actitudes de rechazo por "lo vasco", y en especial en las personas de mentalidad progresista, pero hay muchos españoles que todavía no parecen querer olvidar ese cercano pasado que sufrimos todos y, en especial, los propios vascos.

Está en manos de todos, de vosotros y de nosotros, que estas actitudes cambien y, como ya lo expongo en otras partes de este mismo ensayo, el futuro de entendimiento y de aprecio lo tenemos que construir entre todos y, en mi opinión, ya hemos empezado a acercarnos y a abrir puertas que antes estaban cerradas a cal y canto.

1.2.- Nacionalismo vasco & nacionalismo español

¿Por qué se hace tanto hincapié en el nacionalismo si Euskadi nunca ha sido una nación libre e independiente? ¿Por qué los partidos llamados nacionalistas se apoyan fundamentalmente en consignas patrióticas en vez de argumentar con racionalidad sus fines reales y sus logros?

Por una única razón: el ser humano es mucho más sensible al sentimiento que a la razón. Mientras el sentimiento es espontaneo y fácilmente dirigible hacia conceptos como compasión, venganza, dolor, ingratitud, daño o rabia y no requiere más explicación que el simple relato adecuadamente matizado, la razón requiere esfuerzo mental y tiempo para el convencimiento y la certidumbre.

Todos los políticos hábiles se apoyan en eslóganes cortos y cercanos al sentimiento popular para conducir a las masas en la dirección que les interesa y se olvidan intencionadamente de ayudarles y enseñarles a pensar.

El concepto "nación" como identitario de una comunidad es utilizado tanto por Putin como por Trump, Sánchez, Macron o Xi, porque también ha sido utilizado durante toda la historia de la humanidad por todos los líderes militares y políticos que han triunfado.

Es por ello que cada político intenta moldear la historia de su pueblo o "nación" de la forma que mejor se acomode a los intereses deseados para que sea lo más atrayente posible al sentimiento de orgullo patrio. Solo se recuerdan y cuentan los triunfos y nunca las derrotas. Y cuando la historia real no ha sido todo lo exitosa que se hubiera querido, se inventa, de forma que aparezca ante el pueblo como grandiosa o, como en el caso vasco, un pasado paradisíaco en la Edad Media y unas supuestas victorias que nunca existieron.

El concepto "nacionalismo" consigue votos, muchos votos. Pero analicemos la evolución del sentimiento popular:

A.- Prioridades y valores sociales (sociómetro vasco otoño 1996)

País Vasco	
Paro	80%
Violencia y terrorismo	61%
Violencia callejera	17%
Drogas y alcohol	17%
Problemas políticos	8%
Economía	8%
Problemas sociales	7%
Convivencia social	6%
Delincuencia	5%
Medio ambiente	4%
Vivienda	4%
Otros	10%

B.- Sentimiento de vasquidad según el Sociómetro vasco de otoño 1996

Año	10.96	12.17	05.23
Sentirse únicamente vasco	30%	21%	21%
Sentirse únicamente español	11%	5%	5%
Más español que vasco	5%	4%	8%
Más vasco que español	14%	22%	24%
Tan español como vasco	36%	40%	41%
Ns/Nc	4%	4%	1%

B.- Encuesta de 1995 según partidos políticos

En 1995	A	B	C
Total acuerdo con la independencia	13%	77%	22%
Acuerdo parcial con la independencia	31%	14%	13%

A.- PNV
B.- Votantes de HB
C.- Total de encuestados

C.- Año 2015: Opinión de los jóvenes de 15 a 19 años sobre la independencia de Euskadi

	Álava	Guipuzcoa	Bizkaia	Euskadi
Deseo de independencia				
Mucho o bastante	49,4%	68,1%	57%	59,5%
Poco o nada	35,3%	20,6%	28,9%	27,1%
Ns/Nc	15,3%	11,3%	14,1%	13,4%

Año 2015: Opinión de los jóvenes (15 a 19 años) sobre la probabilidad de que Euskadi sea independiente

	Álava	Guipuzcoa	Bizkaia	Euskadi
Muy + bastante probable	27,2%	42,7%	29,3%	33,4%
Poco + nada probable	66,7%	49,8%	65,6%	60,5%
Ns/Nc	6,1%	7,7%	5,1%	6,1%

D.- ¿En qué medida está de acuerdo con la independencia de Euskadi? (sociómetro vasco otoño 1996)

Año	10.96	11.17	05.23	3.24	11.24
País vasco					
Totalmente de acuerdo	18%	22%	23%	22%	19%
En función de las circunstanc,	42%	33%	30%	33%	32%
En desacuerdo	26%	37%	40%	37%	42%
Ns/Nc	7%	8%	7%	7%	7%

Podemos comprobar que la idea de independencia de Euskadi con respecto a España ni es una prioridad ni crece en el pueblo, como sí podríamos deducir escuchando los discursos de los líderes nacionalistas.

1.3.- Sobre el nacionalismo y el universalismo

Analizando nuestra historia reciente, la de nuestra Euskal Herria, y viendo los terribles efectos que ha tenido el uso y tremendo abuso del concepto de nación o nacionalidad y del uso de la más absurda violencia contra quienes pudieran no estar de acuerdo con la visión que de la sociedad vasca defendía ETA, me atrevo a escribir sobre mi propio concepto de "sociabilidad", de "respeto a la dignidad humana" y de la hermosísima utopía de CONFUCIO:

"Haz por los demás lo que quisieras que ellos hicieran por ti"

Esta frase debería estar en grandes letras en todas las escuelas del mundo, porque es el fundamento de una nueva concepción de las relaciones humanas. Esta frase también aparece en los evangelios cristianos. Y mi pregunta es: ¿Por qué no la queremos aceptar como principio filosófico fundamental y como única vía de entendimiento entre los seres humanos?

¿En qué nos diferenciamos actualmente los vascos de los catalanes, de los gallegos o de los andaluces, salvo quizás en el idioma? ¿En qué nos diferenciamos de los argentinos, chinos, franceses, chilenos, mexicanos, estadounidenses o africanos?

En muchos de estos países viven y se sienten totalmente vinculados a su nuevo país millones de personas que descienden directamente de nuestros antepasados, de aquellos vascos que tuvieron que huir de su propia tierra para alimentar a sus familias. Aún hoy día muchos de ellos, sin dejar de sentirse argentinos, chilenos o de cualquier otro país americano en el que hayan nacido, también valoran su "vasquismo" y se sienten orgullosos de aquellos abuelos suyos que vencieron la pobreza mediante la emigración a nuevas tierras.

Sin embargo, el concepto "palabra de vasco", que todavía en mi juventud me hacía sentir una enorme satisfacción, parece haberse diluido e ido por las alcantarillas de nuestra hermosa tierra. Voy a contar una anécdota que me sucedió el año 2001 en la isla de Chiloé, en Chile:

"Recorrí la isla de Chiloé, muy cerca de Puerto Montt y me encontré con una gran tienda de electrodomésticos y ferretería cuyo nombre era EUSKADI y como ese viaje lo hice solo, le pedí a una persona de mediana edad que me sacara una foto con mi teléfono para recordar el lugar en el futuro.

El chileno, un hombre culto, me preguntó ¿Por qué quiere usted sacarse una foto con ese fondo? El hombre se sorprendió porque quisiera sacar la foto con una tienda detrás en lugar del hermosísimo paisaje de la isla, porque, según me explicó, Euskadi era para ellos, por la información recibida por la prensa, un lugar muy peligroso donde todo el mundo andaba armado y donde se cometían asesinatos por la organización terrorista ETA casi todos los días. Le tuve que explicar que no siempre la información recibida de la prensa es demasiado correcta y que los periodistas tienden a exagerar y dramatizar las noticias para hacerlas más llamativas.

No creo que le convenciese de que los vascos no fuéramos todos terroristas ni de que se pudiera estar orgulloso de un país como el nuestro, pero si estaba muy claro el enorme daño que había causado ETA a la imagen de Euskadi. Al final accedió a sacarme la foto, aunque creo que pensó que yo estaba un poco loco por querer sacarla".

Carlos Bravo, un lector de El País se expresaba así el 14.11.98 en dicho periódico sobre Euskadi con estas palabras: "Amo esta tierra, sus gentes y su forma de entender la vida, pero creo que los nacionalismos limitan el potencial de la especie humana y son el embrión del racismo y la guerra".

Como hemos analizado en profundidad en las páginas anteriores, el daño causado por el nacionalismo extremo de ETA a la sociedad vasca y a todos sus componentes, es decir a todos nosotros, ha sido inmenso y nos costará muchos, muchos años recomponer a este país y a sus gentes.

Todos nosotros debemos ser capaces de reflexionar con la máxima objetividad posible, de entender lo que ha pasado y de aplicar la máxima empatía con todos, con quienes se equivocaron, con quienes cometieron el inmenso error de dejarse arrastrar hasta la barbarie del terrorismo indiscriminado, con quienes en algún momento, como pueblo heredero de una época franquista de gran dureza, llegaron a creer que ETA podía ser la solución para nuestro país y la abrigaron y protegieron y , en fin, con todas las víctimas, que fuimos todos quienes sufrimos y, de alguna manera, debemos todavía aguantar, hasta superarlo, sus consecuencias.

Como afirmaba Mario Onaindía en su libro "Guía para orientarse en el laberinto vasco": "Vasco, español y europeo, lejos de excluirse, se enriquecen mutuamente para todo aquel que sea capaz de comprender que las características fundamentales del ciudadano (desde Grecia), son la lealtad a la tribu (el demos) y hacia todos los demás ciudadanos del mundo"

Hemos de recordar también que nuestro pueblo siempre ha sido emigrante, ya que los vascos y sus descendientes en América y en todo el resto del mundo pueden suponer una población que multiplica la de Euskadi al menos por diez o quizás por una cifra mucho más alta. Además de emigrante, nuestro pueblo es mestizo en el mejor sentido de esta palabra ya que se calcula en 537.000 (año 1999) las personas nacidas fuera de Euskadi y residentes aquí y sólo el 43% de las parejas residentes están formadas por personas nacidas aquí.

Personalmente me siento vasco y, al mismo tiempo, estoy escribiendo este ensayo en el que afirmo rotundamente "SOMOS UNO", en el sentido más amplio y vinculante de estas dos palabras, es decir, que todos los hombres y mujeres de todo el mundo somos iguales en derechos y deberes, todos somos acreedores/as del mismo respeto y de la misma dignidad y todos somos descendientes directos/as de la misma abuela.

El respeto y amor a las costumbres, lengua, folclore, y demás características típicas de una zona determinada del mundo, en la que hemos nacido o en la que nos hemos hecho "hombres o mujeres" o en la que hemos podido rehacer nuestra vida, no es incompatible con el concepto de universalidad, sino todo lo contrario. Amar lo nuestro y compartirlo con los demás es quizás algo a lo que la humanidad no está acostumbrada, pero en nuestra época de "globalización cultural", ello es necesario , imprescindible y maravilloso, porque nos enriquece tanto a nosotros como a quienes comparten nuestra experiencia.

Todos nacemos en una nación con una cultura, una lengua, una tradición religiosa y unas costumbres a las que nos adherimos sentimentalmente e incluso racionalmente por el simple hecho de ser las de nuestros padres, nuestros amigos y el entorno social en el que vivimos los primeros años de nuestra vida. Y es la cultura que recibimos la que nos condicionará durante toda nuestra vida. Y las circunstancias familiares de cada uno también influirán la mayoría de las veces de forma decisoria en nuestro personal concepto de nacionalismo.

Y aquí se interrelacionan el concepto nación (llamando así tanto al lugar donde has nacido y te has socializado como también al lugar en el que quieres desarrollar tu proyecto de vida y en el que te integras para conseguirlo, incluso llegando a amarlo como propio) y el concepto universalidad, en el que nos integramos todos los seres humanos de todas las naciones y lugares sin que ninguno sea ni mejor ni peor, ni superior ni inferior que los demás.

Y, conforme a mi manera de pensar y ser, se puede ser nacionalista incluso de dos lugares al mismo tiempo, donde se ha nacido y donde uno ha desarrollado su proyecto de vida, sin dejar de ser universalista absoluto. En mi opinión, los seres humanos estamos poco a poco avanzando hacia principios de tolerancia y de comprensión del diferente porque tenemos capacidad para ello, aunque quede mucho camino por andar.

Es increíble que, incluso en nuestro mundo occidental, no seamos aún capaces de respetarnos lo suficiente, es increíble que aún no entienda nuestra sociedad que el "respeto al otro" es lo mismo que "el respeto que yo exijo para mí".

Tenemos capacidades en nuestros propios genes humanos que pueden y deben ser fomentadas, alimentadas y priorizadas para conseguir si no controlar totalmente, si codirigir nuestras propias tendencias innatas, hacia un "egoísmo colectivo", llamado solidaridad, como HOMO SAPIENS que somos.

Demos al concepto "nacionalismo" su importancia, pero abrámoslo hacia quienes inmigran a nuestra tierra, al tiempo que nosotros aprovechemos para visitar el mundo y conocer a cuantos más mejor. Así podremos llegar a empatizar con todos.

¿Cómo será nuestro próximo futuro?

¿No es mejor que dependa de nosotros?

Hay mucho trabajo por hacer, mucho camino por recorrer y si no damos los primeros pasos, por cortos que sean, nunca llegaremos a esa meta utópica que deseamos: "Iguales en lo diferente" "Hagamos por los demás, lo que deseamos que ellos hagan por nosotros".

¡Demos los primeros pasos!

2.- LAS PIEDRAS DEL CAMINO EN EUSKAL HERRÍA

2.1.- ¿Por qué no nos preguntamos más?

Pocas veces nos preguntamos los miembros de las distintas comunidades de esta España diversa por los porqués de la falta de empatía entre nuestros políticos. Y demasiadas veces aparecen algunos de ellos interesados no en dar respuestas y argumentos sino simples consignas de odio, rabia o simple rechazo hacia las supuestas pretensiones del "otro", como si ese "otro", como conjunto de miembros de una comunidad, tuviera una respuesta uniforme y también enrabietada contra la nuestra.

¿Por qué ese interés de enfrentamiento o rechazo?

¿Por qué no hemos de buscar y encontrar las respuestas de empatía, cuando los hechos demuestran que realmente los miembros de las distintas comunidades de España nos entendemos cien veces mejor que los políticos que nos representan?

Yo y mi familia nos encontramos muy a gusto visitando Galicia, Asturias, Cataluña, Andalucía, Madrid y todas y cada una de las comunidades españolas, donde siempre somos recibidos con los brazos abiertos y donde participamos en sus fiestas y disfrutamos de sus servicios como todos los componentes de la propia autonomía.

Han pasado los tiempos en los que una matrícula vasca parecía levantar sospechas e incluso había personas que desconfiaban o recelaban. En la actualidad nos sentimos recibidos como personas gratas y disfrutamos de nuestras visitas mucho más que cuando nos trasladamos a cualquier otra parte del mundo.

Y creo que Euskal Herria en su conjunto también se está convirtiendo en un destino muy atrayente para todos los miembros de esta España diversa, cuyos integrantes merecéis ser recibidos igualmente con los brazos abiertos y la mejor de las sonrisas.

¿Por qué entonces hay políticos que buscan siempre recalcar como negativos aquellos aspectos diferenciales que tenemos las distintas comunidades y que son los que realmente enriquecen nuestra diversidad y a todo el país en conjunto?

Debemos recordárselo a nuestros políticos y también debemos conocernos más entre nosotros para poder empatizar más. Invito a todos los miembros de las comunidades españolas a que nos visiten y a que nos conozcan. Lo estamos deseando.

2.2.- La guardia civil y la policía española en el año 2025

Sin embargo, hay piedras que parecen rocas enormes que entorpecen ese mutuo conocimiento y entendimiento. Y me pregunto: ¿Cómo es posible que los políticos con poder en Madrid y el resto de España, incluido nuestro País Vasco, no comprendan que deben intentar hacer un esfuerzo extraordinario para luchar contra esa "memoria negativa de fuerzas de ocupación" que aún persiste en nuestra tierra, Euskal Herría, contra los guardias civiles y policías?

Yo tenía 30 años cuando murió Franco, ahora he cumplido los 80, pero para mí la guardia civil y la policía española, para diferenciarla de la Ertzaintza vasca, siguen siendo, por su forma de actuar y de vivir, "fuerzas de ocupación" que no participan en la vida del pueblo vasco, no son del pueblo vasco y no son, por tanto, parte del pueblo vasco.

¡No creo que pase del 2% el número de guardias civiles y policías que haya nacido y vivido en el País Vasco y Navarra! ¡Este es un hándicap enorme para que los vascos y el resto de los pueblos de España puedan entenderse mejor!

Dentro de nuestra idiosincrasia aún persiste una cierta "aversión" en gran parte de la población hacia esos señores armados a los que ni conocemos ni saludamos ni parecen tener más relación con nosotros que la concesión de permisos de armas, DNIs y pasaportes, señores cuyos vehículos verdes y grises se pasean de vez en cuando por nuestras carreteras sin que nadie sepa para lo que sirven ni lo que hacen.

¿No es acaso contradictorio pretender que les estimemos y que valoremos su labor en estas circunstancias cuando no hacen esfuerzo alguno ni parecen tener ningún interés en sacar de nuestras mentes el recuerdo de la época franquista opresora y de los duros años (para ellos y para nosotros) de la ETA igualmente opresora?

¿No pueden reconocer que incluso un alto porcentaje de vascos hemos tenido contactos directos o indirectos y simpatías familiares o de amistad con los chavales ("tontos útiles engañados por ideales erróneos y perversos") de la época etarra, que tuvieron que huir o pasaron por las cárceles españolas o incluso murieron?

¿No quieren comprender que es mil veces más difícil olvidar el rencor y la rabia, por antiguas e incluso erróneas que sean, que el agradecimiento debido por los favores recibidos?

¿Por qué el PSOE y el PP son incapaces de buscar alternativas a esta especie de forúnculo, tumor o inflamación purulenta que permanece intacta y sin cura? ¿A quién le interesa mantenerla cuando hay remedios para sanarla?

El mensaje, como no puede ser de otra forma en las actuales circunstancias, que los guardias civiles y los policías se llevan de Euskadi y Navarra a sus propias comunidades nunca puede ser positivo ya que viven en verdaderos "guetos", absolutamente separados del pueblo, como ya hemos expuesto con anterioridad.

No olvido la única vez que traspasé la puerta del cuartel de la guardia civil de Gernika el año 1970 y han pasado más de 55 años. Me queda intacto el recuerdo del desprecio con el que se me trató y, aunque quisiera olvidarlo, no lo consigo. Jamás he vuelto a pisar ese cuartel. Para quienes vivimos en Gernika y sus alrededores el cuartel de la guardia civil sigue siendo un "edificio situado en el País vasco ocupado por extraños".

¿Qué tiene que hacer el Gobierno Español para conseguir que esto cambie? ¿Por qué le extraña que tantos vascos sigan pidiendo la expulsión de la Guardia Civil de nuestra tierra, si ya tenemos nuestra propia policía?

¡Reflexionen! ¡Y cambien de actitud!

Busquen fórmulas de aproximación. Ayúdennos a entenderles, lo que solo será posible si también ustedes hacen esfuerzos para simpatizar con nosotros y nuestra idiosincrasia. Ustedes, como nosotros, deben y debemos hacer un gran esfuerzo para convertir el "usted" en "vosotros" e incluso en "nosotros", si abren sus puertas y sus corazones y nosotros los nuestros.

Yo me ofrezco a aportar ideas y a charlar con ustedes, a apoyarles y a poner la cara para buscar fórmulas de entendimiento. Me ofrezco a entrar en su cuartel, ese del que salí espantado hace más de 55 años, para ver caras distintas a aquellas que me amenazaron, más amables y dispuestas a compartir.

Sería un honor para mí llegar a estimarles de verdad.

Está en sus manos y en las nuestras, pero les aseguro que va a resultar bastante dificultosa esa labor de acercamiento y de cambio necesario. También les aseguro que este pueblo nada tiene contra el pueblo español ni contra España, a la que acudimos siempre que queremos disfrutar de la vida y en la que en el 99% de los casos se nos recibe absoluta empatía. Lo repito, la inmensa mayoría de los vascos queremos esa tierra española diversa y plural y nos sentimos tan felices en ella que les abrimos nuestras puertas para que nos conozcan y valoren.

Se que lo arriba expuesto va a costarme duras críticas, pero ya tengo más de 80 años y creo que puedo hablar desde el corazón, sin necesidad de pedir permiso a nadie.

2.3.- Los resentidos sociales

Otra labor importante que llevar a cabo es la de "cuidar mejor" a los resentidos sociales de ambos bandos: el de los vascos y el de los españoles. Toda confrontación genera resentidos sociales, personas que, por una u otra razón, quedan con el alma dañada y con una profunda desazón que no les permite reconocer la buena voluntad ajena ni sus razones. Es un daño generado por los años de enfrentamiento y falta de entendimiento, de mirarnos mutuamente como enemigos. Pero los peores son aquellos que se tienen a sí mismos como intelectuales, como forjadores de pensamientos y no resultan ser sino espantajos que se mueven en función del viento más fuerte.

Una opinión mediatizada por los intereses coyunturales de personajes en la mayoría de los casos "de paso" por la política y sin ánimo alguno de llevar a cabo medidas a largo plazo por y para el pueblo llano. Es tiempo de que los intelectuales españoles, y también los vascos, expresemos criterios pensados y madurados que sirvan para acercarnos y no para alejarnos, que sirvan para intentar conocer y comprender al otro y no para marcar aún más diferencias mediante críticas innecesarias que nada ayudan al entendimiento.

¡Y seamos críticos en primer lugar con nosotros mismos!

¡Y aprendamos a escuchar antes de hablar! Solo así aprenderemos de los demás y llegaremos a entenderlos sin prejuicios. Esta actitud requiere humildad para reconocer en primer lugar que cada uno de nosotros tenemos unas facultades relativas y en segundo lugar que podemos estar equivocados y que todas las "razones del otro" merecen respeto y dignidad.

¡Y, sobre todo, pensemos y maduremos las palabras y las ideas para que sirvan para comprendernos entre todos!

¡Y quien esté libre de pecado, que tire la primera piedra!

3.- ¿PUEDE RECONDUCIR HB BILDU SU FILOSOFÍA?

Mi visión es la que tenemos muchos vascos que llevamos más de 40 años compartiendo nuestra sociedad con EH Bildu y que también la hemos compartido durante 50 años con ETA y otros 30 años con Franco.

Si mis puntos de vista sobre la organización no coinciden con los de la cúpula pensante de EH Bildu, estaré encantado en que se muestre a la sociedad vasca y mundial tal como realmente es y me corrijan en aquellos aspectos en los que deban hacerlo. Como expongo en otro apartado de este ensayo sobre Euskal Herría, el primer paso para entendernos es conocernos mutuamente y comprender los porqués de los razonamientos del otro.

Toda mi larga vida la he pasado en Euskal Herria, salvo los 14 meses de servicio militar obligado que tuve que estar en Andalucía porque alguien puso mi nombre en la nómina de ETA, aunque no fuera verdad. La verdad es que sí eché más de una mano ayudando a esconderse a varios de sus miembros y a viajar hasta la frontera francesa en la época franquista.

3.1.- Imaginario y filosofía de EH Bildu, según varios autores

Hemos de preguntarnos: ¿La organización EH Bildu ha cambiado realmente o solo sus formas y no su fondo? Hemos de partir de una realidad: esta organización fue durante muchos años el brazo político de ETA, compartió su forma de pensar y la apoyó en época democrática con la "socialización del dolor y el sufrimiento"

EH Bildu ha creado con éxito una sociedad paralela dentro de Euskal Herría como una "comunidad autosuficiente" y una visión personal de la vida pública. Y sus miembros parecen estar satisfechos de lo conseguido, que no es poco.

A continuación, expongo criterios y opiniones de expertos mucho mejor informados que yo:

1.- Manuel Montero nos expone la imagen actual que tiene la izquierda abertzale sobre Euskal Herría: "El mensaje que Otegui y su equipo envían a su gente es el siguiente: "Dicen vivir en una sociedad capitalista extrema en la que las multinacionales y los ricos cada vez viven mejor y aprovechan crisis e inflaciones para explotar, aún más, a los trabajadores, a los grupos populares y a los vascos. Ellos dicen aspirar a un mundo solidario y comunal, que vive una guerra de clases, en la que se enfrentan a todos los demás. El nacionalismo radical (EH Bildu) se siente parte de esa clase obrera oprimida y de vocación revolucionaria. El mensaje de Otegi y sus gentes está en que ellos son la única izquierda abertzale posible. Los demás no tienen otro remedio que aceptarla así o rechazarla de plano".

2.- Kepa Aulestia cree que EH Bildu:
- No condenará nunca el pasado etarra.
- No admitirá que el daño causado fue injusto.
- No mostrará su pesar por ETA más que de forma retórica, es decir, evitando una contestación directa y definida, lo que usualmente se conoce como "no mojarse".
- Nunca aceptará la versión de que ETA fue derrotada por la sociedad, el Estado de Derecho, o por el paso del tiempo.
- A lo sumo, evitará reivindicar su pasado en aras a un futuro por escribir.

3.- Rosa Montero nos comenta: "Los chicos de EH Bildu se ven como buenos chicos, que mientras avanzan viven una cotidianidad efusiva, identitaria, comunal y sectaria, quizás con alguna añoranza, en algunos de ellos, de cuando amenazaban al ciudadano a la brava, los tiempos de la "kale borroka", que era una forma de avanzar, fase primitiva. Son los mismos que hoy quieren y dicen avanzar hacia todos los puntos cardinales. Esbozan un mundo ideal y, sin embargo, creen que lo suyo es avanzar y se ven como una tribu compacta atravesando desiertos.

Para muchos vascos los discursos de EH Bildu son tendenciosos, contienen datos no verificados y se niegan a reconocer alguna culpa propia, rechazan aprender nada y llevan espíritu vengador. Su imaginario no lo forma una sociedad compuesta por ciudadanos libres e iguales, sino que distinguen entre su comunidad y el resto. Son versiones que tienen su parte de verdad y quizás su parte de error, pero que nos muestran una imagen bastante definida.

Muestro estas opiniones que nos han de servir para reflexionar, para repensarlas y para compararlas con las nuestras. En mi opinión, dada la diversidad cultural, económica y de oportunidades que existe en la actualidad en Euskal Herría, somos, más bien, una sociedad moderna que intenta despegar a partir de esas "especiales circunstancias" en las que hemos vivido durante tantos años. Somos nosotros los únicos responsables de lo que es y de lo que queremos que sea esta sociedad nuestra en el futuro.

3.2.-Las dos almas de EH Bildu

Su pulsión por sustituir al PNV como fuerza hegemónica está en el ADN de la izquierda abertzale, pero en su ADN está también el péndulo heredado de ETA. La izquierda abertzale se ha consolidado como una gran fuerza y parece que cree tener el potencial suficiente y que habrá que contar con ella porque será decisiva. Pero no podemos olvidar que dentro de la organización que tantos años ha estado sometida al férreo control de ETA siguen existiendo dos fuerzas muy arraigadas y en lucha permanente para intentar imponerse una a la otra:

1.- Una EH Bildu: La que gestiona ayuntamientos, cierra presupuestos con superávit, abre escuelas, presenta propuestas en Bruselas, peatonaliza calles y pone carriles bici. Es la organización constructiva y eficiente que se preocupa por todos los ciudadanos y que aprende a medida que avanza en sus servicios.

2.- Otra EH Bildu: La que mantiene vivo el discurso radical y el vínculo de una parte de la coalición (Sortu) con el pasado etarra, aunque con otro lenguaje, la que mantiene excelentes relaciones con la Cuba comunista y la Venezuela de Maduro.

¿Es una estrategia? No es una estrategia, en EH Bildu conviven sus dos almas.

Según mi opinión, EH Bildu debe apostar claramente por la primera y cortar por lo sano con los antiguos vínculos (sin dejar de apoyar a los que se equivocaron) y también con aquellos vínculos actuales con Estados donde la democracia no sea plena. ¿Qué ello puede costarle votos? Si, pero también le permitiría ampliar horizontes, desmontar argumentos de sus adversarios, centrar su actividad en la labor socio-económica en favor del pueblo vasco, mirar hacia adelante con los ojos bien abiertos y con la máxima ilusión.

HE Bildu debe enterrar a sus cadáveres, que siguen apestando. Ha sido capaz de demostrar que puede ser muy eficaz y útil a Euskal Herría con sus actos. Solo le falta entender el concepto "DEMOCRACIA" de forma plena y agarrarse a ella como único concepto compatible con los derechos humanos , con la igualdad de todos los seres humanos y con la reciprocidad y solidaridad que nos debemos.

¡ÁNIMO! El camino se hace al andar. ¡Demostradnos que sois capaces de asombrarnos y de dejarnos admirados!

3.3.- Pasos dados por EH Bildu

David Guadilla nos recuerda en su artículo "Bildu cierra el círculo", los pasos que está dando la organización: EH Bildu ya empezó a dibujar sus nuevas líneas de pensamiento hace cinco años, en mayo de 2019, para normalizar su situación, ampliar la base social y ganar cuota de poder, cuando facilitó por primera vez la investidura de María Chivite en Navarra.

Los pasos dados por EH Bildu, que eran impensables hasta hace poco, los podemos resumir así:

- Apoyo a Chivite en Navarra.
- Conversión en socio fiable de Sánchez en el Congreso Español para impulsar leyes sociales.
- Aceptar el fin de la política de dispersión de los presos, solicitada con anterioridad por el PNV.
- La fotografía inédita del grupo parlamentario con el presidente del Gobierno español Pedro Sánchez.
- Y obtener la alcaldía de Pamplona con el apoyo del PSOE.

Conscientes de que sus vínculos con ETA siguen impidiendo una relación del todo normalizada, los dirigentes de EH Bildu han decidido ir paso a paso, dar publicidad a los temas de mejor venta y difuminar e incluso negar, los más polémicos.

- Han reforzado su perfil social: han pactado reformas laborales, subidas del salario mínimo, plazas MIR, inversiones, etc.
- Han querido destacar que se trataba de beneficiar no solo a los vascos, sino al conjunto de las "clases populares" de España con Oskar Matute de referente.
- Han logrado transformar la imagen de la coalición en el Congreso Español instando un debate sereno porque "las prisas son malas consejeras" según Mertxe Aizpurua.

- EH Bildu no rechaza una consulta, pero cree que lo prioritario es trabajar "para que cada vez más gente tenga más ganas de llegar al día del referéndum".

Y este pragmatismo le ha dado réditos electorales y apenas le ha desgastado interiormente. Los siguientes pasos están por definir, aunque parece que irán en la siguiente línea de trabajo:

1.- Públicamente EH Bildu seguirá defendiendo los avances sociales y pactará leyes, y más de cara a las elecciones vascas.

2.- En la agenda más discreta, EH Bildu no oculta que le gustaría cambios en la legislación penitenciaria, pero todo lo referente a este paquete lo está negociando de forma opaca, sin luz ni taquígrafos, como si no existiese.

Mientras tanto, EH Bildu pide a sus bases "paciencia estratégica", porque, como reconoce en la ponencia política aprobada en 2021, todo forma parte de una hoja de ruta de "largo alcance" con el objetivo de "alcanzar poder", "ampliar la base soberanista" e "intensificar la crisis del Estado". Porque, recuerdan, "los acuerdos bien gestionados pueden servir para desgastar el régimen del 78", en clara alusión a su tesis sobre la falta de democracia del sistema político generado en España desde 1978, lo que justificaría la continuidad de la lucha armada de ETA, su única justificación posible después de la muerte de Franco.

En el País Vasco EH Bildu es la formación política que más sube. Su llegada hasta lo más alto de la política vasca es el resultado del poder territorial en el que hasta ahora ha crecido EH Bildu tejiendo una red que va desde las ikastolas a las fiestas patronales. EH Bildu ganó en 107 de los 251 municipios del País Vasco, incluido Vitoria, y en 37 de los 272 ayuntamientos navarros. Y también un alcalde en Pamplona.

3.4.- La nueva imagen de EH Bildu

Nada de encapuchados, "gora ETA" o quema de banderas españolas, sino chaquetas americanas, gafas de pasta y concierto de chelo y Trikitrixa para amenizar los discursos. La nueva imagen nos habla de que EH Bildu se ha vuelto un "partido político práctico". En la opinión de muchos vascos el éxito electoral de EH Bildu se apoya en tres patas:

1.- Es el partido que mejor ha sabido entender la sociedad y el momento en que se vive en el País Vasco tras el fin de ETA.

2.- Ha aumentado notablemente su base social al atraer a votantes no solo nacionalistas sino también de izquierdas (según Imanol Zubero de Gesto por la Paz).

3.- Ha potenciado el discurso de izquierdas y rebajado el componente abertzale. Se ha volcado en causas como el feminismo, el ecologismo, la economía sostenible, la defensa de lo público, etc. (según el periodista Luís R. Aizpeolea).

Aumenta el número de vascos que se sienten más libres para hablar públicamente de política (un 61%) y el de quienes sostienen que la violencia no justifica ningún objetivo político (89%).

Y en estos números, según muchos analistas, radica parte del actual éxito de EH Bildu. Uno de los logros más llamativos de EH Bildu es su crecimiento en el sur de Navarra, hacia Tafalla, Puente La Reina o Estella y según Hedoi Etxarte, uno de los dueños de la librería Katakrak de Pamplona, esta expansión tiene que ver con una cierta crisis de los partidos tradicionales.

3.5.- El lenguaje actual de Otegi

A.- Sobre los presos y ETA

Los homenajes a los presos o la inclusión en sus listas de siete personas con delitos de sangre y otros treinta y siete miembros de la banda terrorista potencia la idea de que lo que hicieron tuvo una justificación y que no parece haber intenciones de cambio. O de que no quieren entender nada o simplemente se niegan a reflexionar.

En septiembre de 2023 Otegi aplaudió en redes sociales las palabras de un remero de Urdaibai que dedicó la victoria a los presos de ETA. Urkullu denunció entonces: "Lamentablemente algunos tienen un largo camino por recorrer". Diez días después todos los grupos del Parlamento Vasco salvo EH Bildu condenaron los homenajes a presos y miembros de ETA que se habían producido ese verano.

B.- Sobre el capitalismo

Arnaldo Otegi advierte que la crisis capitalista es estructural y no coyuntural, avisa de que la riqueza está cada vez en menos manos y se queja de que hay un "saqueo constante de continentes enteros". Tiene parte de razón, ya que el neoliberalismo y los partidos de extrema derecha están avanzando a nivel mundial desde la pandemia del Covid.

Según mi criterio personal, el capitalismo es connatural al ser humano, pero lo que debemos conseguir es encauzarlo buscando los medios necesarios, uno de los cuales, y de los más efectivos, es el cooperativismo, pero también la creación de pequeñas empresas que generen riqueza para todos y que tienen perfecta cabida en el mundo capitalista.

Todo sistema socioeconómico que ha pretendido funcionar sin el capitalismo o contra el mismo, ha fracasado estrepitosamente y ha acarreado siempre la ruina del pueblo y del propio país que lo ha aplicado. Tanto Rusia como China, los dos ejemplos más conocidos, han tenido que cambiar de estrategia y volver al capitalismo, aunque con distinta fortuna en función de los diferentes criterios utilizados. En todo caso, es desde el poder del Estado desde donde se deben implantar normas para evitar abusos de unos pocos y, sobre todo, el incremento de las desigualdades sociales y económicas. Esa es la labor de la política.

No es, pues, el sistema capitalista un enemigo en sí, según mi criterio, aunque sea fácil afirmarlo sin ton ni son y sin presentar alternativa alguna, pero si es un sistema económico que debe ser controlado desde el poder político y ello solo será posible si se controla a las grandes multinacionales, es decir, el sistema neoliberal en pleno vigor en la actualidad. Tenemos mucho trabajo por hacer y es mejor dejar de quejarse y empezar a caminar en la dirección adecuada.

¿Qué supone este nuevo lenguaje de Arnaldo? Habla del capitalismo y del fascismo como conceptos casi equivalentes o, al menos, dominantes de la sociedad actual occidental. ¿Realmente piensa así y, por tanto, lucha por un socialismo utópico sin capitalismo?

Debe explicar cuál es su posición real.

C.- Sobre ETA

En EH Bildu olvidan reconocer el brutal daño causado y todavía siguen tratando a los "tontos útiles" y a los "burukides" de ETA con el mismo rasero, sin distinguir ni reconocer responsabilidades diferenciadas. No se puede imputar a Putin y al soldado raso que mata porque le han puesto un fusil en la mano las mismas responsabilidades ni se les puede juzgar con el mismo criterio. Al "tonto útil", es decir, la inmensa mayoría de los etarras, hay que ayudarle a entender lo que sucedió, a interpretar sus errores y a volver a la sociedad, abriéndole las puertas para su rehabilitación total.

Todos conocemos cómo funcionan las sectas, cuyo primer objetivo es vaciar la mente de sus seguidores y hemos de reconocer que la organización ETA funcionó como una secta en la que si entrabas no podías salir libremente. Recordemos a Yoyes y a otros.

A los verdaderos responsables hay que llamarles por su nombre y pedirles cuentas por lo que hicieron. Nunca podemos recibir a los verdaderos responsables con homenajes y tampoco a los "tontos útiles", pero si debemos ayudar a estos últimos en su reinserción social.

SORTU dice: "Este pueblo está determinado a alcanzar sus objetivos. Se lo debemos a cuantos nos han precedido en esta larga lucha".

Necesitamos conocer mejor su pensamiento para buscar y encontrar caminos de entendimiento y empatía.

¡ Y esto hay que explicarlo a todos!

3.6.- ¿Cuáles son los objetivos actuales de EH Bildu?
¿Qué significa ganar en el lenguaje de la izquierda abertzale?

El paquete completo de EH Bildu incluye:
- Desarrollo identitario
- Territorialidad
- Independencia
- Presos en la calle
- El euskera como vínculo de cohesión e identidad y
- El poder

La pregunta que yo me hago es: ¿No es acaso absolutamente compatible el llamado "paquete completo de EH Bildu" con una democracia plena? Según mi criterio, rotundamente SI.

Pero yo me pregunto: ¿Pero son éstos los verdaderos objetivos de Sortu y EH Bildu?

Esta frase es como mínimo "equívoca".

¿Quiere decir que Sortu prosigue la lucha de ETA por otros medios? Si yo lo interpretara así, tendría que considerar que su meta real es crear una dictadura socialista tipo Cuba. Y si así fuera, nunca el concepto DEMOCRACIA debería tener cabida en su vocabulario´

Y esto es lo que habría que explicar a todos sus seguidores con claridad.

3.7.- ¿Puede EH Bildu participar en una nueva historia?

La sociedad vasca ha cambiado mucho en estos últimos años desde la desaparición del movimiento terrorista ETA y la lógica política me dice que EH Bildu está abocada a actualizarse e integrarse en esta sociedad tan diferente. Los números de las últimas elecciones nos indican que su potencial está creciendo, que sus aspiraciones identitarias se han suavizado y que incluso la terminología utilizada por Otegi los últimos años se diferencia de la de los años anteriores, pero lo que no sabemos es si todo ello se corresponde a razones estratégicas o puramente tácticas.

El hecho mismo de que Otegi diera un paso atrás, en favor de Otxandiano, buscando "suavizar la imagen pública" del liderazgo de EH Bildu, separándolo radicalmente de los años en los que ETA y la propia organización parecían confundirse, fue un dato reconocible de cambio. Pello Otxandiano nunca parece haber tenido relación alguna con ETA ni haber participado en actos violentos, además de presentarse como una persona culturalmente muy formada y con una mente abierta al entendimiento y al diálogo con otras fuerzas políticas.

¿Quiere ello decir que ha habido una evolución real dentro de la ideología y forma de pensar de EH Bildu para acercarse a la nueva sociedad que actualmente es Euskal Herría?

Hay muchos que piensan que HB Bildu no puede renunciar a su historia, tan cercana a ETA, porque forma parte de su ADN y se rompería en pedazos dada su propia idiosincrasia. Sin embargo, también tiene dentro personas que opinan que EH Bildu debería admitir algunos nuevos conceptos en su personal terminología sobre la comprensión del mundo vasco, como reconocer que muchos, la inmensa mayoría de quienes pertenecieron a ETA fueron "tontos útiles" arrastrados por unos pocos hacia ideales utópicos y atractivos, pero falsos en esencia, aprovechándose de las duras circunstancias en las que vivió el pueblo vasco desde la guerra civil.

Según mi criterio personal, Sortu o EH Bildu (que son lo mismo con distinto nombre) claro que pueden seguir defendiendo la vuelta de los presos etarras y de los exiliados, pero considerándolos también como víctimas de ETA y de unas circunstancias anómalas.

Si pueden defender la independencia de Euskal Herria, pero dentro de los términos que comprendemos como democracia plena y siempre que así lo quiera la mayoría.

Si pueden luchar por una "Euskadi socialista", pero sin necesidad de imitar socialismos cubanos o venezolanos con la dictadura política como norma, sino respetando la democracia. Cuando hasta China y casi todos los países "comunistas" han adoptado el sistema capitalista, que se adapta a la naturaleza del ser humano como un guante, resulta absurdo admirar y compartir objetivos con Cuba y Venezuela, dos países empobrecidos por el egoísmo de unos pocos poderosos que han priorizado siempre su propio beneficio sobre el del pueblo.

Podemos y debemos luchar con sus mismas armas para poder controlar desde el sistema político al sistema capitalista, controlando el neoliberalismo y adoptando el cooperativismo y la pequeña empresa como base fundamental de crecimiento económico y social de este país.

¿Por qué no luchar e incentivar el sistema cooperativo del estilo Mondragón que es el mejor y más eficaz sistema económico socialista que se conoce a nivel mundial?

Yo planteo con la perspectiva histórica de abril de 2025 otra forma de ver la realidad, por si ayuda a reflexionar:

3.7.1.- ETA forma ya parte de la historia: solo debemos valorarla como lo que realmente fue y como ejemplo de lo que nunca debe repetirse en el futuro de nuestra tierra. Recordemos que la inmensa mayoría de los etarras, según mi criterio, fueron "tontos útiles" y con la única responsabilidad de haberse dejado manipular en una época realmente difícil de nuestra historia por una interpretación radical que unos pocos hicieron de la misma hasta llevarnos a convertir Euskal Herria en un inmenso cementerio, entre muertos reales y, sobre todo, muertos en vida por el miedo o la cobardía.

¿Por qué no consideramos a todos los rusos como culpables de la guerra de Ucrania? ¿O a todos los soldados rusos, muchos de los cuales están muriendo en esa guerra? ¿O a todos los alemanes por la Segunda Guerra Mundial o por el asesinato de 6 millones de judíos? ¿Por qué solo nos fijamos en sus dirigentes Hitler, Putin o Netanyahu?

Hemos de aprender de ese error histórico y aplicar nuestro espíritu crítico con el pasado, reconocer los errores, aprender de ellos y cambiar en nuestra forma de ver y pensar. Aunque comprender no significa justificar. Para este fin se ha escrito el presente ensayo. En nuestra tierra pocos conocen que se trató del período de terrorismo más largo del mundo occidental y que duró, por ejemplo, el doble que el terrorismo en Irlanda del Norte.

3.7.2.- Los comunismos extremos ya no parecen estar en la agenda de EH Bildu: su pragmatismo la está convirtiendo en una organización cada vez más parecida a un PNV anterior a la guerra civil y con unas aspiraciones socialdemócratas ambiciosas en defensa de los intereses del pueblo vasco y me parece que es imprescindible en la Euskal Herría del siglo XXI. Mi mejor consejo sería que tomase como ejemplo singular y paradigmático al grupo cooperativo de Mondragón fundado por José María Arizmendiarrieta, donde la solidaridad y el bien común avanzan de la mano. Aunque unos hechos del último año 2024 me han creado una cierta incertidumbre sobre esta materia, como más adelante expongo.

3.7.3.- Defender la independencia no es anticonstitucional: no es una aspiración a la que sea necesario renunciar, siempre que se haga por medios absolutamente democráticos.

3.7.4.- Nunca podemos renunciar al euskera: nunca debemos renunciar, aunque si buscar los medios para convertirlo en idioma habitual de uso por toda nuestra sociedad, sin forzar pero sin limitar nunca el horizonte.

3.7.5.- Nuestra identidad es igualmente irrenunciable: Sobre la idiosincrasia vasca: ¿Qué tenemos todos en común?¿Qué nos une? Mario Onaindía en su libro "Guía para orientarse en el laberinto vasco" nos dice: "El árbol de Gernika goza de la rara virtud de haberse ganado el respeto sino la veneración no solo de todas las ideologías del arco parlamentario vasco, sino también de todas las ideologías europeas".

Debemos definir nuestra identidad vasca común y comprenderla como la inmensa riqueza que nos une e identifica como pueblo diferenciado de todos los demás del mundo, pero, al mismo tiempo, absolutamente solidario con todos los pueblos de este planeta, aceptando como vascos a todas las personas que quieran crear su proyecto de vida en Euskal Herria y aprenda a amar nuestra identidad, sin necesidad de renunciar a la suya.

3.7.6.- Nuestra territorialidad también es irrenunciable: Sin prisa, pero sin pausa. Sin violencia, pero con ideas claras sobre lo que somos y sobre lo que queremos ser.

3.7.7.- La democracia plena debe estar en nuestro ADN: Lo mismo debemos decir de la territorialidad y de la aceptación plena de la democracia. Estamos en un momento crucial de la historia de Euskal Herria, un momento fantástico y esperanzador después de más de diez años de incertidumbre y después de más de setenta años anteriores de violencia, muerte y sufrimiento por la locura de unos pocos que fueron capaces de crear una inmensa guerra interna en nuestro país.

Hemos cerrado un capítulo, pero no hemos cerrado el libro. Nos queda el capítulo más importante, el último, el de la superación del odio almacenado y de los ingratos malos recuerdos pasados. Ello nos permitirá "reaprender" a tratar a todos nuestros vecinos como "compañeros del mismo viaje de la vida", a respetar su dignidad hasta el máximo, aunque cada uno tengamos opiniones diferentes sobre la sociedad y la política y formas también diferentes de entender los sentimientos y la vida.

Ya se ha iniciado el proceso de normalización y se nota en las calles de Euskal Herría un ambiente más relajado, aunque todavía insuficiente. Ya no asusta que uno del PP o de EH Bildu entre en un batzoki ni viceversa, aunque no esté aún del todo normalizado.

3.8.- Pello Otxandiano y Bildu

A primeros del año 2024 me preguntaba: ¿Nos podemos fiar de EH Bildu o su aparente cambio es simplemente un planteamiento táctico con el único fin de llegar al poder?

¿Pello Otxandiano es un verdadero revolucionario capaz de cambiar EH Bildu para conformar un partido realmente democrático?

¿Cómo podemos interpretar las siguientes declaraciones de Pello Otxandiano?

- Bildu es una alternativa real, cada vez somos más y vamos a hacer que el cambio de ciclo político sea irreversible con el viento que sopla a favor nuestro y porque hay otra forma de hacer las cosas, vamos a dejar atrás los gobiernos cerrados y abrir puertas.

- La pregunta es si en las siguientes elecciones queremos seguir gestionando una inercia decadente o apostar por la regeneración política. No es una opción seguir haciendo lo mismo. Vamos a apostar por acuerdos amplios, pero mirando al futuro.

- El periodista J.J. Hernández en su artículo "Otxandiano reconoce" pone en la boca de Otxandiano las siguientes palabras: "La izquierda abertzale ante la violencia de ETA no ha hecho todo lo que se debió hacer y se pudo haber hecho mejor. Mi generación, que no tiene responsabilidades pasivas ni activas en esa etapa, puede ayudar a lograr una memoria plural. Reconocer el sufrimiento de todas las víctimas sin excepción nos ayuda a ser críticos, a ser empáticos y reconocer el sufrimiento de todas las víctimas tiene que ser mi aportación y para eso hace falta una mirada nueva. Todos debemos aportar para la construcción de la convivencia en los próximos años. Estoy orgulloso de la aportación que han hecho algunos compañeros y compañeras de EH BILDU presentes aquí, que han pagado con cárcel, por ejemplo, el hecho de sacar la violencia de ETA de la ecuación política vasca (en clara referencia a Otegi)".

Estas declaraciones las puede hacer Pello y también cualquier candidato del PSOE o PNV. Se ha cubierto a tope ¿Qué podemos esperar de una persona así? Parece que está aportando ideas realmente innovadoras en el pensamiento de EH Bildu. ¡Ojalá!

3.9.- EH Bildu: últimas referencias

Hay detalles que, de una u otra manera, parecen contradecir los cambios aparentes de aceptación de una democracia plena anunciados por Otxandiano y Otegui.

3.9.1.- Contestación de Otxandiano a Juan Mary Atutxa:

Dicho por Juan Mary Atutxa: "Mientras la izquierda abertzale no asuma sus errores, no podremos darles credibilidad".

Respuesta de Pello Otxandiano: "Mientras se piden pasos a una parte, la otra da pasos en sentido contrario". Y puso como ejemplo que la guardia civil desfilase el 12 de octubre de 2024 por Vitoria. El portavoz de la coalición soberanista recordó la declaración lanzada en octubre de 2021 por Arnaldo Otegi y Arkaitz Rodríguez con motivo del décimo aniversario del cese del terrorismo por parte de ETA. En aquella comparecencia, ambos "mostraron su pesar y dolor por el sufrimiento padecido por las víctimas de ETA y afirmaron que nunca debió haberse producido". Otxandiano añadió que le gustaría "escuchar este tipo de declaraciones por boca de portavoces de otros partidos".

Las preguntas que nos hacemos son: ¿Qué valor tiene una declaración única y aislada pronunciada en los últimos 15 años desde el fin del ETA?¿Es suficiente con una frase de Otegi y Rodríguez, ambos procesados en varias ocasiones por pertenencia a ETA y presos durante largas temporadas en las cárceles españolas? ¿Estaban en el grupo de los "tontos útiles" o en el de "los dirigentes" de ETA? En realidad, tontos no parecen, aunque si han pagado sus cuentas con la justicia, nada tenemos que añadir o exigir.

Fueron 50 años de terror y de sectarismo.

¡Y hay que reconocerlo y explicárselo a las nuevas generaciones para que nunca vuelvan a repetirse!

¡No podemos ocultar los 854 muertos de un lado y los más de 350 del otro!

¡No estamos jugando al mus, sino contando nuestra HISTORIA DE EUSKAL HERRÍA sin traductor ni intérprete!

Si EH Bildu no quiere seguir arrastrando el "San Benito" de su relación íntima con ETA, si desea ser una fuerza política que defienda los intereses democráticos de una gran parte de la población vasca, debe, de una vez por todas, reconocer los hechos, bajar la cabeza, pedir perdón por la pequeña parte de culpa que le corresponde, explicar ante las nuevas generaciones los errores cometidos y admitir que en Euskal Herría hubo muchos jóvenes que fueron víctimas de quienes desde detrás los dirigían y ordenaban sus actos.

¿Por qué no reconocer esa enorme verdad?

¿Sólo para encubrir a aquellos pocos que fueron realmente los verdaderos culpables de todo este horror?

3.9.2.- Viaje a la Venezuela de Maduro

La coalición soberanista envió a las elecciones venezolanas de 2024 una delegación encabezada por la diputada Marije Fullaondo y la parlamentaria Diana Urrea, quienes contaban con la compañía, entre otros, del dirigente de Sortu Eneko Compains, condenado por pertenencia a ETA y actual profesor de Derecho Constitucional en la UPV.

Durante los días previos, todos ellos defendieron la "normalidad" del proceso electoral y una vez conocidos los resultados publicados por el régimen bolivariano, EH Bildu se volcó en la celebración de Maduro. "El pueblo venezolano ha revalidado su confianza en ti", escribía Fullaondo. "Noche larga de celebración en Miraflores para celebrar que el pueblo venezolano no se rindió. Carajo". Se congratulaba Urrea.

Legitimaban así el fraude electoral en el país sudamericano como lo han hecho en ocasiones anteriores, respaldando la dictadura que existe en Venezuela. Según Europa Press los observadores españoles acreditados en Venezuela avalan la "legitimidad" del proceso electoral: Diputados de Sumar, Podemos y EH Bildu suscribieron una declaración que reconoció a Maduro como presidente de Venezuela: "Ratificamos el pronunciamiento en apoyo a la legitimidad, transparencia e integridad del proceso electoral venezolano organizado por el CNE que arrojó como resultado la reelección del presidente Nicolás Maduro".

El documento concluía emplazando a todos los gobiernos del mundo a "respetar la institucionalidad democrática del Estado de Venezuela y su soberanía".

Firmantes, entre otros:
- Marije Fullaondo, diputada de HB Bildu en el Congreso
- Engracia Rivera, diputada de Sumar en el Congreso
- Noemí Santana y Martina Valverde, diputadas de Podemos en el Congreso

- Diana Urrea, Diputada de EH Bildu en el Parlamento Vasco
- Entre otros españoles

3.9.3.- Arkaitz Rodríguez en Cuba

Al otro lado del charco, el secretario general de Sortu, Arkaitz Rodríguez, también mandaba un mensaje de felicitación a Maduro desde la república comunista de Cuba, donde mantenía reuniones de amistad con sus dirigentes: "En nombre de la izquierda patriótica vasca, mi más calurosa enhorabuena al presidente. Cuando la dignidad se hace costumbre, no hay reacción ni imperio que la detenga".

¿Son palabras dignas ante un fraude electoral como el de Venezuela? ¿Qué nos dan a entender estas ideas? ¿Podemos fiarnos de quienes las ponen por escrito?

Esta supuesta izquierda patriótica vasca dice estar de acuerdo con el fraude electoral y antidemocrático de Maduro en Venezuela, donde nunca se mostraron las actas de las elecciones y se respondió con las fuerzas de la policía y el ejército a las protestas de los opositores.

3.9.4.- Contestación de Otegi a las manifestaciones de la consejera del Gobierno Vasco San José (PSOE):

Declaraciones de San José: Afirmó que los miembros de la banda deberían salir de prisión "no solo admitiendo el dolor, sino la profunda injusticia del dolor causado" y mostrando "arrepentimiento". Para San José se trata de una actitud éticamente exigible a los presos que pretendan recuperar la libertad en una Euskadi que "es justo lo contrario de aquello por lo que combatieron.

Contestación de Otegi: "La consejera no está en el cargo para cumplir sus deseos sino para ceñirse a la ley. Y la deslegitimación del terrorismo no está en la ley. Que me digan en qué parte de la ley está eso. Se puede discutir. Si usted considera que eso es deseable, nosotros consideramos que serían deseables otras muchas cosas".

Otegi dejó claro a qué se estaba refiriendo, a la excarcelación de los presos de ETA que hubieran cumplido ya tres cuartas partes de sus condenas. Según sus cálculos, con la ley en la mano y con una "aplicación estricta" de la normativa, más de cien reclusos de la banda deberían ya estar saliendo en libertad. Añadió: "No es porque lo pidamos nosotros, es porque lo dice la ley".

Pero, en mi opinión, no queda muy democrática una expresión que rechaza "la deslegitimación del terrorismo" aunque, "a sensu contrario" parece admitir que existió terrorismo, aunque no sea obligatorio rechazarlo para salir de la cárcel. Le doy la razón a Otegi por lo que dice, aunque demuestre, al mismo tiempo, una actitud propia de no rechazo del terrorismo y, a sensu contrario, de defensa del mismo.

¡Da que pensar!

3.9.5.- Reflexiones sobre un sector de EH Bildu

Sobrevive la fascinación por el terrorismo de ETA dentro de EH Bildu. Hay un grupo interno importante que no pierde ocasión de enaltecerlo y homenajearlo y que incluso pretende que el sistema político que se construya en el País Vasco supere la democracia.

Todavía hay quienes identifican a los enemigos de ETA, siendo la principal seña de identidad de tales enemigos el haber sido atacados por ETA, conforme al siguiente razonamiento: ETA combatía a los enemigos del pueblo vasco, luego son enemigos del pueblo vasco aquellos a los que ETA atacaba. En mi opinión, resulta cuanto menos un juego peligroso que justifica a ETA y maltrata a la democracia.

La actitud del poder político actual de EH Bildu y Sortu sobre el recuerdo del pasado terrorista es mayormente de inhibición. Se opta por la amnesia, por hacer como si ese pasado nunca hubiera existido, pero no se combate el recuerdo apologético del terror, que sigue siendo enseñado a un sector de la sociedad vasca, pues se ha transmitido generacionalmente la fascinación por la violencia y las creencias de esa época. Para los demás queda la imagen de que hubo mucho lío, que mejor olvidar, aunque se deja caer la sospecha de que todo fue por la agresión de España.

También existe una visión y sentimiento de aliento de la negación de la democracia que termina con risas y bromas en público en las herriko tabernas y en sus txosnas, territorio liberado. Y al fondo subyace la impresión de que algo habrían hecho las víctimas y la idea de que mejor estarían calladas, pues molestan. El problema es que el recuerdo del terror y de las víctimas, imprescindible en una sociedad que no quiera ser enferma crónica, no ha sido asumido como una prioridad pública y política. Y sobre todo, en el ámbito de HB Bildu.

3.10.- Preguntas y respuestas

Ya tenemos el nuevo equipo directivo de Sortu (EH Bildu):
- Arnaldo Otegi
- Arkaitz Rodríguez y
- Sonia Jacinto

Me gustaría conocerlos mejor, saber lo que realmente piensan sobre el futuro deseado para Euskal Herría, me gustaría que manifestaran con sinceridad su criterio personal, de cada uno de ellos, sobre los siguientes asuntos:

1.- ¿Está de acuerdo con lo expuesto en este ensayo sobre el daño humano (muertes y sufrimiento) y económico causado por ETA? ¿Cree que fue necesario?

2.- ¿Esta de acuerdo con que hubo unos pocos responsables que mandaban en ETA y que la mayoría de los etarras fueron "tontos útiles"?

3.- ¿Considera usted que la actuación de ETA en la época democrática (desde 1977) fue legítima o fue terrorismo? Explique porqué considera que el régimen generado por las elecciones de 1978 no fue democrático.

4.- ¿Considera usted que debemos homenajear a quienes cometieron tanto daño a Euskal Herría? ¿Cree que podemos ayudarles entre todos a normalizar su vida?

5.- ¿Son los regímenes de Venezuela y Cuba ejemplo para Euskal Herría? ¿Por qué si o por qué no?

6.- ¿Es usted comunista, socialista o demócrata? Explique con amplitud lo que ello significa y por qué.

7.- ¿Qué régimen político defiende usted y por qué? Ponga un país que lo tenga. Ofrézcanos una amplia presentación del sistema político ideal para Euskal Herría.

8.- ¿Qué papel tendremos los empresarios en su Euskal Herría ideal o estamos de sobra?

Y hay muchas más preguntas que necesitan respuesta.

4.- EL PAÍS VASCO EN LOS ÚLTIMOS TRES AÑOS

4.1.- ¿Qué pasa con el PNV?

Viniendo de Forua a Gernika el día 26.07.2023 a las 9 horas 45 minutos escuché seis o siete minutos de una tertulia radiofónica en la radio. Hablaban sobre el PNV. Me gustó la libertad y franqueza con la que hablaban al hacer una crítica dura al PNV, a cuenta de la pérdida de más de 100.000 votos en las elecciones del 23.07.23. Se preguntaban por el por qué. Y la respuesta de las dos personas que escuché (un hombre y una mujer) coincidían. Las analicé con enorme interés, las acepté en gran parte y saqué las siguientes deducciones:

El PNV subió como la espuma en 2012 con la entrada de Urkullu para lehendakari y el final de una época enormemente convulsa, es decir, con el final de ETA. Euskadi comprendió que necesitaba paz y tranquilidad y eso es lo que ofreció el PNV, llegando en poco tiempo a dominar todas las grandes instituciones (Gobierno Vasco, las tres Diputaciones y las tres capitales) con el apoyo, en ocasiones del PSE. Bildu había bajado y se mantenía callada. En las elecciones de 2019 fue el culmen de poder del PNV en Euskal Herria.

¿Qué ha pasado después? La respuesta de ambos contertulios fué clara: el PNV se había dormido en los laureles, se había creído el artífice del bienestar social y económico de Euskadi y que no necesitaba más que echar la siesta para que todo siguiera igual.

Y sus efectos han tardado en llegar, pero después de la pandemia han terminado por manifestarse:

1.- Policía vasca: La Ertzaintza ha reventado de descontento porque según ellos se ha creado un ambiente interno irrespirable en la que se podía considerar la mejor obra del PNV. Los ertzainas se están manifestando todos los días y los que más empujan son, curiosamente, los no afiliados a los sindicatos. Se ha llegado a un acuerdo convirtiendo a la Ertzaintza en la policía mejor pagada del Estado.

2.- Sanidad: de Osakidetza igualmente no escuchamos sino quejas y más quejas por el mal servicio y sobre todo por el retraso continuado de dichos servicios y la falta de médicos y enfermeras. Incluso son los propios médicos y enfermeras quienes se quejan ya que se encuentran con exceso de trabajo y sin poder prestar la atención adecuada a quienes necesitan de sus servicios y la dirección da respuestas que a nadie contentan. Y desde el gobierno solo se respaldaba a la directora sin dar más explicaciones. En los últimos meses, con el nuevo gobierno vasco, ya se notan avances significativos.

3.- Educación: han crecido también las quejas internas y externas. Está pendiente una nueva ley que parece que se retrasa no se sabe por qué y que ya no es respaldada por HB Bildu. El descontento de un gran porcentaje de maestros con contratos anuales e inseguridad laboral permanente es como una pandemia que no se consigue sanar.

El Gobierno de Urkullu siguió defendiendo la gestión en las tres áreas, mientras la ciudadanía se encontraba bastante perpleja ante tanta queja de médicos, enfermeras, ertzaiñas y profesores y harta de escuchar problemas repetitivos. Sus responsables han sido una y otra vez apoyados por Urkullu y su gobierno, mientras HB BILDU se posicionaba en el otro lado.

¿Por qué pasaba esto? Esta es la pregunta clave y su respuesta no parece ser otra más que la siguiente: El PNV se había dormido. Y el sistema democrático lo que hace con quienes se duermen en horas de trabajo es expulsarlos del mismo.

Al mismo tiempo HB Bildu ha cambiado su planteamiento: por una parte, en Madrid compitiendo con el PNV, del que ha aprendido mucho, para obtener "algo o mucho" para Euskadi, y por otra hablando y preocupándose de los problemas reales de la ciudadanía vasca y apoyando lógicamente todas las reivindicaciones de maestros, ertzainas, médicos, enfermeras y contribuyentes.

Bildu lo está haciendo políticamente mejor porque se está situando junto al reclamante y está atrayendo muchos votos jóvenes y menos jóvenes al conectar con el pueblo y sus necesidades e identificándose como una izquierda moderna y preocupada por los más necesitados. El PSE también ha crecido por los errores del PNV.

4.2.- Las preocupaciones actuales de los vascos:

Conforme al artículo publicado en El Correo por Jesús J. Hernández el pasado 16 de diciembre de 2023, el estudio realizado desde la Universidad de Deusto (Deusto barómetro) entre el dieciséis de noviembre y el seis de diciembre de 2023, nos aportó los siguientes datos:

4.2.1.- Porcentaje de vascos que quieren independizarse
- El 13% (en 2022 era el 18,9%)
- El 37% quiere más autonomía
- El 36% la misma que ahora
- El 4% rebajarla

4.2.2.- Principales problemas de los vascos:

La violencia de ETA fue, mientras estuvo activa, la principal preocupación de los vascos, pero para 2013 ya había caído al octavo lugar y ya no aparece en el año 2025 en su lista de preocupaciones.

Las inquietudes actuales de los vascos son otras:
- El mercado laboral
- La sanidad pública
- La vivienda y
- La inseguridad ciudadana

4.3.- Panorama político actual en Euskal Herría

4.3.1.- Panorama en el verano de 2024

Bajada del PNV: que será mayor si no pone remedio y no hay, según mi criterio, otra alternativa que la renovación rápida, de los dirigentes políticos y la entrada de gente joven con otra mentalidad y con ganas de hacer frente a los enormes problemas que tiene entre manos. Si no despierta y se renueva, puede ir cayendo más y más en el pozo. Necesita un nuevo líder capaz de arrastrar a los jóvenes y menos jóvenes, capaz de solucionar a muy corto plazo los tres problemas principales y capaz de jubilar a los directivos actuales. ¿Es mucho pedir? Si, pero es el único camino a seguir.

Subida de Bildu: me ha asombrado el cambio de cara y de planteamientos de Bildu de los últimos meses. Si miramos hacia adelante, puede tener un gran futuro. Si miramos hacia atrás, mi opinión es que debería rechazar las viejas alianzas con ETA y su entorno, debería reconocer que fueron el fruto de errores de juventud y debería animar desde la izquierda una Euskadi más abierta y sensible a las necesidades de los jóvenes y de los miembros más débiles y vulnerables de Euskal Herria. Tiene un camino por recorrer, pero también tiene capacidad para ello.

PSE: Tiene su propia función en esta sociedad para vertebrarla adecuadamente dentro de España, pero con absoluto respeto a nuestra diferenciación, a nuestra lengua, a nuestras costumbres, etc.
- Debe luchar para que todos los vascos estemos cada vez más satisfechos de seguir como ahora estamos.
- Debe hacer posible que "lo vasco" sea entendido en todo España como algo singular y algo que enriquece al conjunto de España.

- Debe conseguir que toda España vea lo vasco y lo catalán como culturas e idiomas de las que enorgullecerse y a las que ponderar, y al mismo tiempo,
- Debe aprender y enseñar a vendernos el concepto España como un valor positivo que siempre nos aportará beneficios a los vascos y a los catalanes.

4.3.2.- Reflexiones en abril de 2025

1.- La supremacía del nacionalismo está en juego

Los dos principales partidos han decidido presentar caras nuevas, planteando una renovación total de candidatos que conecten mejor con una generación de votantes, tras el fin de ETA. La sociedad vasca siente y está empezando a mostrar una cierta desafección y distancia con la clase dirigente actual. El PNV se enfrenta a un declive generacional de su electorado, mientras que la ausencia de ETA está permitiendo a HB Bildu arrastrar a sectores jóvenes, en los que el PNV no tiene tanto peso.

2.- Cambios en el PNV

Urkullu ha hecho un buen trabajo durante muchos años y su prudencia en la gestión ha supuesto estabilidad y también avances en muchos ámbitos. Sus logros, pese a las enormes dificultades, han sido evidentes y nuestros datos comparativos así lo explicitan en muchas áreas. Con respecto a la elección de Imanol Pradales para sustituir a Íñigo Urkullu como presidente del Gobierno Vasco el PNV ha hecho el cambio obligado.

Según algunos observadores políticos, EH Bildu respira más tranquilo sin Urkullu, quien aportaba al PNV ese voto transversal no estrictamente nacionalista que le identificaba con la sensatez, la disciplina hasta el aburrimiento y la capacidad para conseguir que la política no se convirtiera en una montaña rusa. La salida de Urkullu según Iñaki Galdós se ha gestionado mal, pero la decisión es coherente con la necesidad de frenar el retroceso electoral. Pradales es un buen cartel y cuenta con la ventaja de tener todo el relato por construir.

La renovación de los puestos directivos en el Euskadi Buru Batzar, máximo organismo del PNV, muestra que el PNV ha tomado conciencia de la necesidad del cambio generacional a todos los niveles para hacer frente a los nuevos retos de la segunda década del siglo XXI.

A principios del mes de marzo de 2025 Aitor Esteban ya ha sido reconocido como el máximo dirigente del Partido Nacionalista Vasco (PNV) en el lugar de Ortúzar. Su reto principal, según Luís R. Aizpeolea, es revertir el descenso electoral frente al auge de EH Bildu en plena crisis política global. PNV y EH Bildu saben que su futuro se juega en la respuesta acertada a las demandas sociales de los vascos en un mundo cambiante.

La reivindicación independentista ha caído en picado tras el final del terrorismo, la recesión de 2008-2014 y la pandemia. Esta última reveló las carencias de los servicios públicos del Gobierno vasco y las elecciones de 2023 y 2024 confirmaron de la pérdida de hegemonía , la burocratización del partido y el distanciamiento de los jóvenes y las clases medias. El cambio de las reglas internacionales con el desafío autoritario de Trump añade más incertidumbres.

El PNV es lindante con la socialdemocracia, europeísta y defensor del cordón sanitario a la ultraderecha. Pradales ya ha desplegado una política de diálogo y pactos de orientación progresista. Ha acordado una reforma fiscal con el PSE y Podemos, se ha acercado a los sindicatos y ha criticado el rechazo de Confebask a la subida del salario mínimo especial para Euskadi, al impuesto a la banca y a la reforma fiscal.

Aitor Esteban parte de que la mayoría del voto perdido por el PNV está en la abstención. Y otro activo suyo es su probado compromiso europeo. Esteban también apuesta por la ejemplaridad, con la honradez como seña de identidad de su política y la humildad que exige escuchar las críticas y las desaprobaciones, merecidas o no.

También será una prioridad de su mandato impulsar un mayor papel de la mujer en el partido, comenzando desde el primer día.

Lo primero para el PNV, según Aitor Esteban, siempre será la democracia y los derechos humanos, incluso por encima del ideal nacionalista, frente al auge de las autocracias que están haciendo virar a algunos países occidentales. Nacionalistas sí, pero primero demócratas humanistas. Los principios democráticos estarán siempre por encima de las aspiraciones nacionalistas y debemos estar en el gran proceso de construcción europea.

Tareas inmediatas del PNV:
- Conectar más con la sociedad
- Mejorar la coordinación interna
- Agilizar la toma de decisiones y
- Potenciar la participación de la militancia.

3.- La visión de un hombre cercano: Juan Mary Atutxa

Juan Mary Atutxa fue consejero de Interior del Gobierno Vasco entre 1991 y 1998, presidente del Parlamento Vasco entre 1998 y 2005, sufrió varios atentados contra su vida, incluso le adosaron una bomba en los bajos de su coche en la boda de uno de sus hijos. Llevó escolta 26 años y 115 días. Atutxa contribuyó al despliegue definitivo de la Ertzaintza que fue creada en 1982. Era la época en la que ETA y su entorno alentaron la "kale borroka" y activaron la "socialización del sufrimiento".

Fue la imagen de la lucha sin cuartel contra la banda y de la deslegitimación de la izquierda abertzale que apoyaba la violencia durante los años salvajes. Se convirtió en objetivo prioritario de los terroristas y, al mismo tiempo, en el político nacionalista más respetado dentro y fuera de Euskadi.

De su esposa, Begoña Zalduegui nos dice Juan Mari: "Ella nunca me pidió cesar en mis responsabilidades"

¡Admirable!

Y estas son sus palabras: "La izquierda abertzale debe asumir la pesada carga de sus errores. Cuanto antes asuman que lo que hicieron fue moralmente inaceptable, humanamente insufrible y políticamente estéril, más cerca estaremos de las condiciones que necesitamos para vivir definitivamente en paz. Mientras no lo hagan, no podremos dar credibilidad a su remozado cartel".

"En mí no ha germinado la semilla del odio, pero no olvido nada. Estamos en el camino a la paz, pero nos faltan pasos para que desaparezcan el destello del odio de algunas miradas, la desfachatez de algunos homenajes y el dogmatismo y la intolerancia de algunos discursos. Signos que delatan a quienes ejercieron, impulsaron, disculparon o colaboraron con la violencia y el terror. Las falsedades con que se justificaron los crímenes más repugnantes son aún hoy para algunos una realidad alternativa, la que les ayuda a soportar la terrible imagen que les devuelve el espejo"

"Las víctimas del terrorismo son el testimonio de una dolorosa verdad: que ETA sólo pudo acreditar dolor y destrucción. Intentó acabar con la democracia, limitó nuestro progreso y perjudicó legítimas aspiraciones políticas. Ningún proyecto puede reivindicarse vulnerando el derecho a la vida"

Poco puedo añadir a estas palabras de mi admirado amigo Juan Mary al que hace unos días saludé y a quien comenté que estaba escribiendo este ensayo en el que iba a tenerlo muy en cuenta, ya que estoy absolutamente de acuerdo con todo lo que en las líneas anteriores consta y con su admirable trayectoria vital. Considero todo lo que aquí expongo como un homenaje realmente merecido a Juan Mary Atutxa.

4.- EH Bildu: De Otegi a Otxandiano

En el caso de EH Bildu el cambio de liderazgo de Otegi a Otxandiano ya se estaba barruntando desde el verano de 2023 y ha sido una operación pensada para sustituir al PNV en el poder del Gobierno Vasco. EH Bildu ha copiado en muchos aspectos el estilo pragmático del PNV y le ha imitado en Madrid para negociar con el PSOE e intentar obtener pequeñas ventajas que podían influir después incluso de forma decisoria en las elecciones vascas.

Pero ¿Quién es Pello Otxandiano? Pello Otxandiano fue concejal de Otxandiano (ahora Otxandio), su pueblo de nacimiento, de 1300 habitantes donde:

- En la plaza de Andikona están escritos en hierro los nombres de los 64 vecinos víctimas del primer bombardeo sobre población civil en el mundo (22.07.1936).
- Hay un homenaje a ETA que incluye un mural, justo detrás del ayuntamiento, con el mapa del País Vasco y las fotografías de 225 hombres y mujeres "presos o prófugos".
- Al pie del ayuntamiento consta una placa fechada en febrero 2014 con el siguiente mensaje: "Hoy ha sido colocada la bandera española en el ayuntamiento de Otxandio contra la voluntad de los vecinos, porque así nos lo impone la legislación española".

Arnaldo Otegi (65 años), ex militante de ETA, tiene demasiado pasado y parecía que se hacía a un lado pasando el testigo a un ingeniero de 40 años, quien se presenta como parte de una generación que debe "dar respuestas actualizadas a las viejas preguntas".

Dice Zubero que "Pello es un hombre de confianza de Otegi, quien le encargó el diseño del programa electoral. Hay continuidad porque viene de Sortu, pero está limpio y no distorsiona". La expansión del euskera y la inmersión lingüística son dos de las obsesiones de este aspirante a lehendakari.

5.- EH Bildu: De Otxandiano a Otegi ¿media vuelta?

Pero en enero de 2025 ha habido novedades: los resultados de las elecciones de noviembre de 2024 no han supuesto un crecimiento de EH Bildu, sino cierto frenazo en sus aspiraciones electorales. Como nos lo expone Luís Aizpeolea han crecido ciertos temores en EH Bildu:

"Primero: la sensación de haber tocado techo.

Segundo: no tiene una sucesión fácil: el lanzamiento de Pello Otxandiano como candidato joven no le ha funcionado, como tampoco antes funcionó con Maddalen Iriarte".

Ha habido cambios sobre los planteamientos anteriores a las elecciones:

1.- EH Bildu seguirá liderada por Otegi como secretario general, después de más de 30 años de liderazgo, la número dos será Sonia Jacinto como secretaria de organización y el número tres Arkaitz Rodríguez como secretario de acción política. La plancha encabezada por Otegi no ha tenido rivales. La formación pasará a ser bicéfala: por una parte la Mesa Política de 37 miembros que se reunirá cada dos meses y por otro la ejecutiva que llevará el día a día de la organización, capitaneada por Otegi. En el nuevo esquema Eba Blanco y Idurre Bideguren (EA) y Oskar Matute (Alternatiba) ya no estarán representados en la ejecutiva, aunque si en la Mesa Política. Sortu asume la toma de control de EH Bildu.

2.-   EH Bildu ya no será una coalición sino un "partido político independiente" con su propia militancia, sin sombra de EA ni de Alternatiba.

3.- Arkaitz Rodríguez se ha convertido en el principal referente de la ortodoxia con una apuesta ideológica más a la izquierda, defendiendo las esencias comunistas, manteniendo la línea estratégica de siempre y aumentando la capacidad de la organización para la batalla ideológica próxima. ¿Qué significa lo que Arkaitz llama esencias comunistas?

4.- EH Bildu reivindicará en el próximo Aberri Eguna del 20.04.25 una república vasca de "iguales y antimilitarista, abertzale, euskaldun y soberanista" según las palabras de su Secretario General Arnaldo Otegi.

5.- Justificaciones de Otegi para los cambios, según sus últimas declaraciones:

5.1.- La arquitectura institucional que surgió desde la Segunda Guerra mundial, Naciones Unidas, etc. está saltando por los aires, los problemas no se están resolviendo en términos pacíficos y en términos diplomáticos. Frente a un orden internacional en el que prima el militarismo, prima la fuerza y prima la ley de la jungla, no hay reglas hoy en el contexto internacional y esto no es solo malo para Euskal Herría, es malo para todo el planeta"

5.2.- Añadió: "Se conmemoran los 50 años desde que murió Franco y no el franquismo, ("No desapareció el franquismo porque dejó atada la transición e incrustados los marcos del franquismo") 50 años de los fusilamientos de Txiki y Otaegui y casi 50 años desde que este país pacífica y democráticamente, los cuatro territorios del sur del país dijeron que no a la OTAN".

Esta la historia de los 50 años últimos, desde 1975 hasta 2025, contada por Otegi. Analicémoslo:

a.- Dice: Con Franco no murió el franquismo y, por tanto, no hubo democracia. Me pregunto: ¿Fue por eso por lo que se justifica ETA?

b.- Dice: 50 años desde los fusilamientos de Txiki y Otaegui. ¿Y por qué no recuerda los más de 850 muertos por ETA y los más de 300 del otro lado?

c.- Dice: este país pacífica y democráticamente dijo que no a la OTAN. ¿Había muerto o no el franquismo? ¿Había o no democracia? ¿O solo la hubo para votar contra la OTAN, pero no para que ETA parara?

6.- Sobre Euskal Herría

Nos dice Arnaldo Otegi: "Mientras el contexto internacional apunta en esta dirección de la militarización y los dos Estados Francia y España también, Euskal Herria se está dedicando a construir un camino alternativo".

En este sentido recordó que "este 8 de marzo se ha vuelto a reivindicar una "república de carácter feminista, un camino antimilitarista y antiautoritario, un camino abertzale, euskaldún y soberanista"

¿Cómo interpretamos estas palabras? ¿Por qué no nos expone lo que realmente entiende por democracia?

¿Dónde queda Pello Otxandiano? ¿Ya es material caducado?

Una última pregunta:

¿Por qué nunca aparece la palabra "derechos humanos" en el vocabulario de EH Bildu?

El tiempo nos lo dirá.

6- Objetivos de HB Bildu en el momento actual

Parecen ser las siguientes:

1.- Pasar de ser una coalición a ser un partido político para ser controlada por la izquierda abertzale sin sombra ni de EA ni de Alternatiba.

2.- Mantener la línea estratégica de siempre, aspirando por un proceso de liberación nacional a la consecución de una república vasca con una defensa de las mayorías culturales y trabajadoras (Aberri Eguna 2025 Otegi).

3.- Aumentar la capacidad de la organización para la batalla ideológica y para asumir responsabilidades de alto nivel institucional.

4.- Recuperación de la soberanía del pueblo vasco (Aberri Eguna 2025 Otegi).

Y yo me pregunto: ¿cuándo fue soberano el pueblo vasco?

Como nos lo comenta el periodista Joseba Arruti, la izquierda abertzale va a perder una oportunidad más, la de renovarse a fondo desde la pluralidad, la de homologarse a las fuerzas progresistas con vocación de gobierno en el entorno europeo.

Aquellos que ya tienen músculo en retorcer el relato sobre la historia reciente del país se manejarán con pocos remilgos para presentar el congreso de Pamplona como un hito innovador, como un antes y un después de alcance inusitado para blindar la convivencia.

En Forua, a 25 de abril de 2025